GUIA DE CONVERSAÇÃO PARA VIAGENS

Chinês

Essencial Para Você se Comunicar Bem

ROUGH GUIDES

GUIA DE CONVERSAÇÃO PARA VIAGENS

Chinês

Essencial Para Você se Comunicar Bem

Compilado por
LEXUS

PubliFolha

Traduzido de "The Rough Guide Phrasebook Mandarin Chinese", edição de 2006,
publicado por Rough Guides Ltd, 80 Strand, Londres, WC2R 0RL, Inglaterra.
Título original: "The Rough Guide Phrasebook Mandarin Chinese"
Copyright © Rough Guides Ltd, 1997, 2006
Copyright do texto © Lexus Ltd 2006

Copyright © 2008 Publifolha – Divisão de Publicações da Empresa Folha da Manhã S.A.

ISBN 978-85-7402-932-0

Todos os direitos reservados. Nenhuma parte desta publicação pode ser
reproduzida, arquivada ou transmitida de nenhuma forma ou
por nenhum meio sem permissão expressa e por escrito da
Publifolha – Divisão de Publicações da Empresa Folha da Manhã S.A.
Proibida a comercialização fora do território brasileiro.

PUBLIFOLHA

Divisão de Publicações do Grupo Folha
Al. Barão de Limeira, 401, 6º andar
CEP 01202-900, São Paulo, SP
Tel.: (11) 3224-2186/2187/2197
www.publifolha.com.br

COORDENAÇÃO DO PROJETO
PUBLIFOLHA
Editor-assistente: Rodrigo Villela
Assistente editorial: Adriane Piscitelli
Coordenação de produção gráfica: Soraia Pauli Scarpa
Assistente de produção gráfica: Mariana Metidieri

PRODUÇÃO EDITORIAL
EDITORA PÁGINA VIVA
Tradução: Anna Quirino
Revisão: Agnaldo Alves de Oliveira, Claudia Morato
Consultoria técnica: Ho Yeh Chia

ROUGH GUIDES
Compilação: Lexus com Julian Ward e Xu Yinong
Edição da Série Lexus: Sally Davies
Direção de Referência: Andrew Lockett
Edição da Série: Mark Ellingham
Imagem de capa: © Rough Guides

Dados Internacionais de Catalogação na Publicação (CIP)
(Câmara Brasileira do Livro, SP, Brasil)

Guia de Conversação Para Viagens Chinês / compilado por Lexus ; [tradução Anna
Quirino]. – São Paulo : Publifolha, 2008. – (Coleção Guia de Conversação
Para Viagens)

Título original: The Rough Guide Phrasebook Mandarin Chinese.
ISBN 978-85-7402-932-0

1. Chinês - Vocabulários e manuais de conversação - Português 2. Português -
Vocabulários e manuais de conversação - Chinês
I. Lexus. II. Série.

08-08398	CDD-495.1

Índices para catálogo sistemático:
1. Chinês : Guia de conversação : Lingüística 495.1
2. Guia de conversação : Chinês : Lingüística 495.1

SUMÁRIO

Introdução	7
Frases Básicas	9
Cenários	13
Português – Chinês	31
Chinês – Português	145
Chinês – Português: Placas e Avisos	177
Menu	
Comida	193
Bebida	207
Como Funciona a Língua	
Pronúncia; Pinyin	215
Tons	218
Abreviações	220
Geral; Substantivos	221
Artigos; Adjetivos	222
Advérbios	225
Pronomes	226
Palavras-Medidas	228
Verbos	231
Partículas em Frases	236
Interrogação	237
Preposições	239
Sim e Não	241
Imperativos	242
Datas; Dias	243
Meses; Tempo	244
Números	245
Conversão de Medidas	251

Introdução

O *Guia de Conversação Para Viagens Chinês* é uma introdução muito prática ao mandarim atual. Organizado em estilo claro de A a Z, usa a referência de palavras-chave para levar você até as palavras e frases que deseja. Assim, se quiser reservar um quarto, é só olhar "quarto". Este guia vai direto ao ponto em todas as situações: em bares e lojas, trens e ônibus, em hotéis e bancos.

A parte principal é um dicionário duplo: Português–Chinês e Chinês–Português. Antes disso, há uma seção chamada **Frases Básicas** e, para envolver você numa comunicação de duas mãos, o livro inclui um conjunto de diálogos nos **Cenários**, que ilustram perguntas e respostas em situações-chave, como aluguel de carro ou pedido de orientação.

O coração do guia, a seção **Português–Chinês**, fornece transliterações das palavras chinesas para o pinyin, além dos ideogramas chineses. Nessa parte, referências cruzadas permitem que você identifique fatos e frases básicas, enquanto as palavras com asterisco indicam que serão encontradas mais informações numa seção no final do livro, chamada **Como Funciona a Língua**. Ali estão as regras fundamentais do idioma, com muitos exemplos práticos. Também estão lá outros dados, a exemplo de números, datas, como dizer as horas e frases básicas. No dicionário **Chinês–Português** estão as frases que você provavelmente ouvirá (com uma série de gírias e coloquialismos), além de placas, etiquetas, instruções e outras palavras básicas que estarão impressas ou em locais públicos.

No final do livro, o *Guia de Conversação* oferece a seção **Menu**: listas de comidas e bebidas (com termos fundamentais), indispensáveis se você for comer fora, tomar uma bebida ou quiser dar uma espiada num mercado local.

一路顺风
yílù shùnfēng!
boa viagem!

Frases Básicas

FRASES BÁSICAS

sim
shìde
是的

não
bù
不

OK, tudo bem
hǎo
好

olá!
nǐ hǎo
你好

bom-dia
nǐ zǎo
你早

oi!
nǐ hǎo
你好

boa-noite
wǎn'ān
晚安

adeus/a gente se vê!
zàijiàn
再见

até mais tarde
huítóujiàn
回头见

por favor
qǐng
请

sim, por favor
hǎo, xièxie
好谢谢

por favor, poderia...?
qǐng nín-..., hǎo ma?
请您 ..., 好吗？

obrigado(a)
xièxie
谢谢

muito obrigado(a)
duōxiè
多谢

não, obrigado(a)
xièxie, wǒ bú yào
谢谢我不要

não tem de quê
bú kèqi
不客气

como vai?
nǐ hǎo ma?
你好吗？

bem, obrigado(a)
hěn hǎo, xièxie
很好谢谢

prazer em conhecê-lo(la)
jiàndào nǐ hěn gāoxìng
见到你很高兴

com licença (quando se quer passar)
láojià
劳驾

por favor (para chamar atenção)
láojià, qǐng wèn-...
劳驾请问

sinto muito (para se desculpar)
duìbuqǐ
对不起

como?/perdão? (sem entender, ouvir)
nǐ shuō shénme?
你说什么？

eu compreendo
wǒ míngbai le
我明白了

eu não compreendo
wǒ bù dǒng
我不懂

fala inglês?
nín huì jiǎng Yīngyǔ ma?
您会讲英语吗？

eu não falo chinês
wǒ búhuì jiǎng Hànyǔ
我不会讲汉语

poderia falar mais devagar?
qǐng shuō màn yìdiǎnr?
请说慢一点儿？

poderia repetir isso?
qǐng nǐ zài shuō yíbiàn, hǎo ma?
请你再说一遍好吗？

FRASES BÁSICAS

Cenários

1. Hospedagem

pode me recomendar um hotel que não seja caro?
▶ nǐ kěyǐ gěi wǒ tuījiàn yīge búguì de fàndiàn ma?

---

duìbuqǐ, hǎoxiàng shi dōu mǎnle ◀
sinto muito, parece que estão todos lotados

---

pode me dar o nome de um hotel de preço médio?
▶ nǐ kěyǐ gěi wǒ tuījiàn yīge zhōngjí fàndiàn ma?

---

wǒ lái kànkan, nǐ xiǎng zài shìzhōngxīn ma? ◀
deixe-me ver, quer que seja no centro?

---

se possível
▶ rúguǒ kěyǐ de huà

---

rúguǒ lí shìzhōngxīn shāo yuǎn yīdiǎnr, kěyǐ ma? ◀
importa-se que seja um pouco fora da cidade?

---

não muito longe
▶ wǒ bù xiǎng tài yuǎn

onde fica no mapa?
▶ nǐ kěyǐ zài dìtúshang gěi wǒ zhǐyīxià ma?

pode escrever o nome e o endereço?
▶ nǐ kěyǐ gěi wǒ bǎ míngzi hé dìzhǐ xièxiàlái ma?

estou procurando um quarto numa casa particular
▶ wǒ xiǎng zhù sīrén fáng

2. Bancos

cheque	zhīpiào
conta bancária	yínháng zhànghù
depositar	cúnqián
libra	yīngbàng
moeda chinesa	rénmínbì
sacar/retirar	qǔqián
senha	gèrén mìmǎ
trocar dinheiro	huàn qián

pode trocar isto por renminbi?
▶ qǐng nín gěi wǒ huànchéng rénmínbì, kěyǐ ma?

---

nín yào shénme yàng de chāopiào? ◀
como prefere o dinheiro?

---

notas pequenas   notas grandes
▶ xiǎo chāopiào   ▶ dà chāopiào

---

vocês têm informações em inglês sobre como abrir uma conta?
▶ nǐmen yǒu guānyú kāizhàng de yīngyǔ yìnshuāpǐn ma?

▶ yǒu, nín xiǎng kāi nǎzhǒng zhànghù?   quero uma conta corrente
sim, que tipo de conta quer?   huóqī cúnkuǎn ◀

---

qǐng gěi wǒ kàn yīxià nínde hùzhào ◀
seu passaporte, por favor

---

posso usar este cartão para retirar dinheiro?
▶ kěyǐ yòng zhège kǎ qù xiànjīn ma?

---

nǐ děi dào chūnàyuán nàr qù ◀
terá de ir ao caixa

---

quero transferir isto para minha conta no Bank of China
▶ wǒ xiǎng bǎ qián zhuǎndào wǒ zài Zhōngguó yínháng de zhànghù shang qù

---

hǎo, nínde diànhuà děi shōufèi ◀
tudo bem, mas teremos de lhe cobrar a chamada

3. Como reservar um quarto

chuveiro	línyù
telefone no quarto	fángjiānlǐ de diànhuà
telefone público no hall	dàtīnglǐ de tóubì diànhuà

---

tem quartos vagos?
▶ yǒu fángjiān ma?

jǐge rén? ◀
para quantas pessoas?

---

para uma/para duas
▶ yīge rén/liǎngge rén

yǒu fángjiān ◀
sim, temos quartos vagos

▶ zhù jǐge wǎnshang?
para quantas noites?

só por uma noite
yīge wǎnshang ◀

---

quanto custa?
▶ duōshǎo qián?

---

dài xǐzǎojiān de jiǔbǎi yuán rénmínbì, búdài xǐzǎojiān de qībǎi yuán ◀
900 yuan com banheiro e 700 yuan sem banheiro

---

o café-da-manhã está incluído?
▶ bāokuò zǎocān ma?

---

posso ver o quarto com banheiro?
▶ wǒ kěyǐ kàn yīxià dài xǐzǎojiān de fángjiān ma?

---

ok, fico com ele
▶ hǎo, wǒ yàole

---

quando tenho de sair?
▶ wǒ shénme shíhou jiézhàng líkāi?

---

tem algum lugar para eu deixar a bagagem?
▶ yǒu cún xíngli de dìfāng ma?

4. Aluguel de carro

automático	zìdòng huàndǎng
carro alugado	zūde chē
manual	shǒudòng huàndǎng
tanque cheio	yóuxiāng mǎnde

eu gostaria de alugar um carro
▶ wǒ wiǎng zū chē

duō cháng shí jiān? ◀
por quanto tempo?

---

dois dias
▶ liǎng tiān

fico com o...
▶ wǒ yào…

é com quilometragem ilimitada?
▶ kāi duō cháng lù yǒu xiànzhì ma?

méiyou xiànzhì ◀
sim

---

wǒ kàn yīxià nǐde jiàshǐ zhí zhào, hǎo ma? ◀
posso ver sua habilitação, por favor?

---

hái yào nǐde hùzhào ◀
e seu passaporte

---

o seguro está incluído?
▶ bāokuò bǎoxiǎn ma?

---

bāokuò, búguò nín děi xiān fù yīqiān yuán ◀
sim, mas terá de pagar os primeiros 1000 yuans

---

qǐng nín fù yīqiān yuán yājīn, hǎo ma? ◀
pode deixar um depósito de 1000 yuans?

---

e se a loja estiver fechada, onde deixo as chaves?
▶ rúguǒ nǐmen zhèr guānménle, wǒ bǎ yàoshi fàng zài nǎr?

---

fàng zài nàge hézi lǐ ◀
coloque-as nessa caixa

5. Comunicações

acesso sem fio	wúxiàn rèdiǎn
adaptador de telefone	diànhuà chāzuò zhuǎnhuàn
celular	shǒujī
conexão discada	diànhuà tiáozhì jiětiáoqì
internet	hùliánwǎng
modem ADSL	tiáozhì jiětiáoqì
ponto	diǎn
senha	mìmǎ

há algum cibercafé por aqui?
▶ zhèr fùjìn yǒu wǎngbā ma?

posso mandar e-mail daqui?
▶ wǒ kěyǐ zài zhèr fā diànzǐ yóujiàn ma?

onde fica a arroba no teclado?
▶ jiànpán shangde "at sign" zài nǎr?

pode ligar um teclado britânico?
▶ wǒ kěyǐ yòng yīngshì jiànpán ma?

pode ajudar a me conectar?
▶ nǐ kěyǐ bāng wǒ jìnrù míngdān ma?

pode me conectar a...?
▶ qǐng nín gěi wǒ jiē...?

não consigo conexão, pode me ajudar?
▶ wǒ bù néng jìnrù, bāng ge máng, hǎo ma?

onde posso comprar recarga para o meu celular?
▶ nǎr mài shǒujī chōngzhí kǎ?

zero líng	cinco wǔ
um yī	seis liù
dois èr	sete qī
três sān	oito bā
quatro sì	nove jiǔ

Cenários → Chinês

6. Orientação

olá, estou procurando a rua Nán Jiē
▶ wǒ zhǎo Nán Jiē

> com licença, a rua Nán Jiē, sabe onde fica?
> qǐng wèn, nǐ zhīdao Nán Jiē zài nǎr ma?

duìbuqǐ, méi tīngshuōguo zhè tiáo jiē ◀
sinto muito, nunca ouvi falar desta rua

com licença, pode me dizer onde fica a rua Nán Jiē?
▶ qǐng wèn, Nán Jiē zài nǎr?

wǒ duì zhège dìfang yě bù shúxi ◀
eu também não sou daqui

onde?
zài nǎr?

em que direção?
nàge fāngxiàng?

▶ dàole dìèrge hónglǜdēng, wǎng zuǒ guǎi
à esquerda, no segundo semáforo

▶ guòle lùkǒu
passando a esquina

▶ zhīhòu, zǒu yòubiān dìyī tiáo lù
depois, é a primeira rua à direita

duìmiàn na frente	jìn perto	yīzhí wǎng qián zǒu sempre em frente	zài nàr por ali
guǎi vire	qiánmiàn na frente de		zài...zhīhòu logo depois de...
guòle passar de	wǎng huí atrás	yòubiān à direita	zuǒbiān à esquerda
jiē rua	xià yíge ao lado	yuǎn longe	

Cenários → Chinês

20

7. Emergências

acidente	shìgù
ambulância	jiùhùchē
bombeiros	xiāofángduì
cônsul	lǐngshì
embaixada	dàshǐguǎn
polícia	jǐngchájú

socorro!
▶ jiùmìng!

pode me ajudar?
▶ bāngge máng, hǎo ma?

por favor, venha comigo! é realmente muito urgente
▶ qǐng gēn wǒ lái! yòu jǐnjí qíngkuàng

eu perdi (minhas chaves)
▶ wǒ diūle (yàoshi)

(meu carro) não funciona
▶ (wǒde chē) huài le

(minha bolsa) foi roubada
▶ (wǒde qiánbāo) bèi tōule

fui assaltado
▶ wǒ bèi rén qiǎngle

---

nínde míngzi? ◀
qual é o seu nome?

---

wǒ kànkan nínde hùzhào, hǎo ma? ◀
preciso ver seu passaporte

---

sinto muito, todos os meus documentos foram roubados
▶ duìbuqǐ, wǒ suǒyǒu de wénjiàn dōu bèi tōule

8. Amigos

oi, tudo bem?
▶ nǐ hǎo ma?

wǒ hěn hǎo, nǐ ne? ◀
bem, e você?

é, bem
▶ hěn hǎo

nada mal
▶ búcuò

---

conhece o Mark?
▶ nǐ rènshi Mǎkè ma?

---

e esta é Hannah
▶ zhè shì Hànnà

wǒmen yǐjīng rènshile ◀
é, já nos conhecemos

---

de onde vocês se conhecem?
▶ nǐmen shì zěnme rènshide?

▶ wǒmen shì zài Lúkè jiā rènshide
nós nos conhecemos na casa do Luke

---

foi uma festa legal, né?
▶ nàge yànhuì bàng jíle, duì budùi?

shì zuìhǎo de ◀
fantástica

---

vamos tomar uma cerveja?
▶ zánmen hējiǔ qù ba?

hǎo, zǒu ba ◀
legal, vamos

---

wǒ búqù, wǒ yào qù jiàn Luólā ◀
não, vou me encontrar com a Lola

---

tudo bem, isso também é legal
▶ hǎo ba

---

nós nos vemos à noite, na casa do Luke
▶ wǎnshang zài Lúkè jiā jiànmiàn

---

huítóu jiàn ◀
até logo

9. Saúde

não estou me sentindo muito bem
▶ wǒ juéde bù shūfu

pode chamar um médico?
▶ qǐng gěi wǒ zhǎo ge yīshēng?

▶ nǎr bù shūfu?   dói aqui
onde dói?   zhèr téng ◀

▶ zǒngshì téng ma?   não é uma dor constante
é uma dor constante?   bù zǒngshì téng ◀

posso marcar uma hora?
▶ wǒ kěyǐ yùyuē yīshēng ma?

pode me dar algo para...?
▶ gěi wǒ diǎnr...yào, hǎo ma?

sim, eu tenho seguro
▶ wǒ yǒu bǎoxiǎn

afta	ékǒuchuāng
analgésicos	zhǐténgyào
antibióticos	kàngjūnsù
cistite	pángguāngyán
dentista	yáyī
diarréia	lādùzi
doente	shēngbìngle
farmácia	yàofáng
hospital	yīyuàn
médico	yīshēng
pomada anti-séptica	kàngjūn yóugāo
receitar	kāi yàofāng
remédio	yào

10. Dificuldades de linguagem

algumas palavras	jǐge zì
intérprete	kǒutóu fānyì
traduzir	fānyì

nǐde xìnyòngkǎ bèi jùle ◀
seu cartão de crédito foi recusado

---

o quê, não compreendo; você fala inglês?
▶ shénme? wǒ bù dǒng; nǐ huì shuō yīngyǔ ma?

---

xìnyòngkǎ wúxiàole ◀
este cartão não é válido

---

pode repetir? devagar
▶ qǐng zài shuō yīxià, hǎo ma? màn diǎnr ◀

---

compreendo muito pouco de chinês
▶ wǒ zhǐ huì yīdiǎnr zhōngwén

falo chinês muito mal
▶ wǒ zhōngwén shuōde bù hǎo

---

nǐ bù néng yòng zhège kǎ fùqián ◀
não pode utilizar este cartão para pagar

▶ dǒngle ma? não, sinto muito
compreende? duìbuqǐ, wǒ hái shì bù míngbai ◀

---

há alguém que fale inglês?
▶ zhèr yǒu rén huì yīngwén ma?

---

ah, agora compreendo está tudo bem agora?
▶ hǎo, wǒ míngbaile ▶ xíngle ma?

11. Ao conhecer pessoas

olá
▶ nǐ hǎo

---

nǐ hǎo, wǒ jiào Shèn, xìng Wáng ◀
olá, meu nome é Wang Shen

---

eu sou Graham, de Thirsk, na Inglaterra
▶ wǒ shì yīngguórén, wǒ jiào Graham, shì Thirsk rén

Thirsk wǒ bù zhīdao, zài nǎr? ◀
não conheço, onde fica?

---

não muito longe de York, no norte; e você?
▶ zài Yīnggélán běibù, lí York bù yuǎn; nǐ ne?

---

wǒ shì Lúndūn rén; nǐ shì yíge rén lái de ma? ◀
sou de Londres; está sozinho aqui?

---

não, estou com a minha esposa e dois filhos
▶ búshì, wǒ gēn wǒ àiren hé liǎngge háizi yìqǐ láide

o que você faz? ▶ wǒ shì gǎo diànnǎode
▶ nǐ zuò shénme gōngzuò? trabalho com computadores

eu também
▶ wǒ yě shì

aqui está a minha esposa
▶ zhè shì wǒ àiren

---

hěn gāoxìng rènshi nín ◀
prazer em conhecê-la

Cenários → Chinês

12. Correio

cartão-postal	míngxìnpiàn
correio	yóujú
correio aéreo	hángkōng
selo	yóupiào

a que horas fecha o correio?
▶ yóujú jǐdiǎn guānmén?

▶ gōngzuòrì wǔdiǎn
às 17 horas nos dias de semana

---

o correio abre aos sábados?
▶ yóujú xīngqīliù kāimén ma?

zhídào zhōngwǔ ◀
até o meio-dia

---

gostaria de mandar esta carta registrada para a Inglaterra
▶ wǒ yào wǎng yīngguó jì guàhàoxìn

---

méi wèntí, guàhàoxìn shí yuán ◀
pois não, são 10 yuans (unidade de moeda chinesa)

---

e também dois selos para a Inglaterra, por favor
▶ hái yào liǎng zhāng dào yīngguó de yóupiào

tem adesivos de correio aéreo?
▶ yǒu hángkōng yóujiàn biāoqiān ma?

tem correspondência para mim?
▶ yǒu wǒde xìn ma?

信	xìn	cartas
国内	guónèi	doméstico
国际	guójì	internacional
包裹	bāoguǒ	pacotes/encomendas
待领邮件	dàilǐng yóujiàn	posta-restante

13. Restaurantes

conta	zhàngdān	menu	càidān
mesa	zhuōzi		

pode nos arrumar uma mesa para não-fumantes?
▶ wǒmen yào bù chōuyānde zhuōzi, kěyǐ ma?

é para duas pessoas
▶ wǒmen liǎngge rén

é para quatro pessoas
▶ yīgòng sìgerén

o que é isto?
▶ zhè shì shénme?

yī zhǒng yú ◀
é um tipo de peixe

shì běndì tèchǎn ◀
é uma especialidade local

qǐng jìnlái kànkan ◀
entre e eu lhe mostro

queremos dois deste, um desse e um daquele
▶ zhège liǎngge, zhège yīge, nàge yīge

▶ hē diǎnr shénme?
e para beber?

vinho tinto
▶ hóng pútáojiǔ

vinho branco
▶ bái pútáojiǔ

uma cerveja e dois sucos de laranja
▶ yìbēi píjiǔ, liǎng bēi júzizhī

mais pão, por favor
▶ qǐng zài lái xiē miànbāo

▶ chīde hǎo ma?
como estava a comida?

excelente!, muito boa!
▶ hěn hǎo! búcuò!

▶ hái yào shénme ma?
mais alguma coisa?

apenas a conta, obrigado(a)?
▶ wǒmen fù zhàngdān, hǎo ma?

14. Compras

	mǎi diǎnr shénme? ◀
	posso ajudá-lo(la)?

posso dar só uma olhada?	sim, estou procurando...
▶ wǒ kànkan, kěyǐ ma?	▶ wǒ xiǎng mǎi...

quanto custa isto?	sānshí èr yuán ◀
▶ duōshǎo qián?	32 yuans

tudo bem, acho que vou ter de desistir, é muito caro para mim
▶ wǒ búyào, yòu diǎnr tài guì

	zhège zěnme yàng? ◀
	e que tal este?

posso pagar com cartão de crédito?
▶ shōu xìnyòngkǎ ma?

é muito grande	é muito pequeno
▶ tài dàle	▶ tài xiǎole

é para o meu filho – ele é mais ou menos desta altura
▶ gěi wǒ érzi mǎide – tā zhème gāo

▶ hái yào biéde ma?	isso é tudo, obrigado(a)
mais alguma coisa?	▶ búyàole, xièxie

se fizer por 20 yuans, eu levo
▶ wǒ zhǐ xiǎng fù èrshí yuán, kěyǐ ma

está bem, fico com ele
▶ xíng

kāimén	aberto
fùkuǎntái	caixa
guānmén	fechado
dà jiǎnjià	liquidação
huàn	trocar

15. Turismo

aberto	kāimén
centro da cidade	shì zhōngxīn
excursão de ônibus	zuò dà bāshì lǚyóu
fechado	guānmén
galeria de arte	měishùguǎn
guia	dǎoyóu
museu	bówùguǎn

Cenários → Chinês

---

estou interessado em conhecer a cidade velha
▶ wǒ duì cānguān lǎochéng yǒu xìngqù

---

há visitas guiadas?   duìbuqǐ, dōu dìngmǎnle ◀
▶ yǒu dǎoyóu tuán ma?   sinto muito, estão lotadas

---

quanto cobraria para nos levar para passear por quatro horas?
▶ wǒmen zuò nǐde chē sìge xiǎoshí, duōshǎo qián?

---

podemos reservar aqui os ingressos para o concerto?
▶ wǒmen kěyǐ zài zhèr dìng yīnyuèhuì de piào ma?

▶ kěyǐ, qǐngwèn, nínde míngzi?   shénme xìnyòngkǎ? ◀
sim, em nome de quem?   qual o cartão de crédito?

---

onde pegamos os ingressos?   jiù zài rùkǒu (qǔ piào) ◀
▶ zài nǎr qǔ piào?   podem pegá-los na entrada

---

abre aos domingos?   **quanto é a entrada?**
▶ xīngqītiān kāimén ma?   ▶ ménpiào duōshǎo qián?

---

há desconto para grupos de seis pessoas?
▶ liùgerén yīqǐ yǒu méiyou yōuhuì?

---

foi impressionante!
▶ zhēn shì hǎojíle!

16. Trem

bilhete	huǒchēpiào
bilhete de ida	dānchéngpiào
bilhete de ida e volta	wǎngfǎnpiào
estação	huǒchēzhàn
parada	tíngchē
plataforma	zhàntái
trocar de trem	huàn huǒchē

quanto é...?
▶ ...duōshǎo qián?

um bilhete de ida, na segunda classe, para...
▶ yìzhāng dānchéngpiào, èrděng chēxiāng, dào...

dois bilhetes de ida e volta, na segunda classe, para...
▶ liǎngzhāng wǎngfǎnpiào, èrděng chēxiāng, dào...

para hoje	para amanhã	para a próxima terça-feira
▶ jīntiānde	▶ míngtiānde	▶ xià xīngqī'èrde

---

tèkuài jiāshōu ◀
há um suplemento para o expresso

nǐ yào dìng zuòwèi ma? ◀
quer reservar um lugar?

nǐ děi zài Shànghǎi huànchē ◀
você precisa trocar de trem em Xangai

---

este lugar está livre?
▶ zhège zuò yǒurén zuò ma?

desculpe, em que estação estamos?
▶ qǐngwèn, zhèshì shénme zhàn?

é aqui que devo trocar de trem para Suzhou?
▶ shì zài zhèr huàn dào Sūzhōu de huǒchē ma?

Português → Chinês

A

a; lhe* tā
她
 esta toalha lhe pertence nà shì tāde máojīn
 那是她的毛巾
abacaxi bōluó
菠萝
abaixo xià 下
 abaixo* de zài-... xiàmian
 在 ... 下面
aberto kāi(de)
开（的）
 a céu aberto zài shìwài
 在室外
abridor de garrafa kāi píng qì
开瓶器
abridor de lata guàntou qǐzi 罐头起子,
kāiguàn dāojù 开罐刀具
abril sìyuè
四月
abrir kāi 开,
dǎkāi 打开
 não consigo abrir isto wǒ dǎbúkāi
 我打不开
 quando abre (lojas, estabelecimentos)? nǐmen shénme shíhou kāiménr?
 你们什么时候开门儿？
absorvente higiênico (descartável) wèishēngjīn
卫生巾

absurdo: que absurdo! fèihuà!
废话
acabar: quando acaba? shénme shíhou jiéshù?
什么时候结束？
acabou wánle
完了
academia (ginásio) tǐyùguǎn
体育馆
aceitar jiēshòu
接受
 vocês aceitam cartões de crédito? nǐ shòu xìnyòngkǎ ma?
 你受信用卡吗？
acender (ligar) kāi
开
achados e perdidos (departamento) shīwù zhāolǐng chù
失物招领处
achatado (plano) píngtǎn
平坦
acidente shìgù 事故
 houve um acidente chūle ge shìgù
 出了个事故
ácido (sabor) suān
酸
acima* (zài)-... shàng
在 ... 上
acontecer fāshēng
发生
 o que está acontecendo? zěnme huí shìr?
 怎么回事儿？

o que aconteceu? fāshēng le shénme shìr la?
发生了什么事儿啦？
acordar: ele está acordado? tā xǐngle ma?
他醒了吗？
pode me acordar às 5h30? qǐng zài wǔdiǎnbàn jiàoxǐng wǒ, hǎo ma?
请在五点半醒我好吗？
açougue ròu diàn
肉店
acreditar xiāngxìn
相信
acrobacia zájì
杂技
açúcar táng 糖
acupuntura zhēnjiǔ
针灸
adaptador duōyòng chātóu
多用插头
adiante: é mais adiante nesta rua zài wǎng qián zǒu
再往前走
admirável liǎobùqǐ
了不起
adolescente qīngshàonián
青少年
adormecer: ela adormeceu tā shuìzháole
他睡着了
adulto dàrén
大人
advogado lǜshī
律师

aeroporto fēijīchǎng
飞机场
para o aeroporto, por favor qǐng dài wǒ dào fēijīchǎng
请带我到飞机场
afastar (para frente): poderia se afastar um pouco? qǐng wǎng qián nuó yíxià, hǎo ma?
请往前挪一下好吗？
afiado jiānruì
尖锐
África do Sul Nánfēi
南非
agência de viagens lǚxíng shè
旅行社
agência do correio yóujú
邮局
agenda rìjì
日记
agora xiànzài
现在
agora não xiànzài bùxíng
现在不行
agosto bāyuè 八月
agradável lìngrén yúkuài
令人愉快,
lìng rén yúkuàide
令人愉快的
agradecido gǎnjī
感激
água shuǐ 水
poderia me servir um pouco de água? qǐng lái diánr shuǐ, hǎo ma?
请来点儿水好吗？

água fervida kāishuǐ
开水
água mineral kuàngquánshuǐ
矿泉水
água potável yǐnyòngshuǐ
饮用水
esta água é potável? zhè shuǐ kěyǐ hē ma?
这水可以喝吗？
aguardar com ansiedade (não ver a hora de) pànwàng
盼望
aguardo ansiosamente por isso wǒ pànwàng
我盼望
aguda: dor aguda ruì
锐
agulha zhēn
针
aids àizībìng
爱滋病
ainda hái
还
ainda estou aqui wǒ hái zài
我还在
ainda não hái méiyou
还没有
ele ainda está aí? tā hái zài ma?
他还在吗？
ajuda: muito obrigado(a) por sua ajuda xièxie nǐde bāngmáng
谢谢你的帮忙
ajudar bāngzhù
帮助

pode me ajudar? nǐ néng bù néng bāngbāng wǒ?
你能不能帮帮我？
alarme de incêndio huǒjǐng
警
álcool (bebida) jiǔ
酒
aldeia (vila) cūnzi
村子
além de... chúle-... yǐwài
除了 ... 以外
Alemanha Déguó
德国
alemão (adj) Déguó 德国
(idioma) Déyǔ 德语
alérgico: sou alérgico a... wǒ duì-... guòmǐn
我对 ... 过敏
alfaiate cáifeng
裁缝
alfândega hǎiguān
海关
alfinete biézhēn
别针
alfinete de segurança biézhēn
别针
algo mǒushì
某事
quero algo para comer wǒ xiǎng chī diǎn dōngxī
我想吃点东西
algodão miánhuā
棉花
algodão hidrófilo yàomián
药棉

alguém shéi 谁,
mǒurén 某人
alguém fala inglês? shéi huì
shuō Yīngyǔ?
谁会说英语？
algum(a): algum lugar mǒudì
某地
alguma coisa shénme
什么
tem algum...? nǐ yǒu... ma?
你有 ... 吗？
desculpe, não tenho nenhum
duìbuqǐ, wǒ méiyǒu
对不起我没有
preciso de algum lugar para
ficar wǒ yào zhǎoge zhùchù
我要找个住处
pode me trazer algumas maçãs? qǐng lái yíxiē píngguǒ,
hǎo ma?
请来一些苹果好吗？
vamos comer alguma
coisa chīfàn, ba
吃饭吧
alguns jǐge 几个,
yì xiē 一些
alguns dias jǐ tiān
几天

diálogos

> mais alguma coisa? hái
> yào shénme?
> mais nada, obrigado(a)
> bú yào, xièxie

> gostaria de beber alguma
> coisa? nǐ yào hē diǎnr
> shénme?
> não quero nada,
> obrigado(a) wǒ shénme
> dōu bú yào, xièxie

alho-poró dàsuàn
大蒜
ali nàr
那儿
ali adiante zài nàr
在那儿
ali em cima zài shàngtou
在上头
aliança (de casamento)
jiéhūn jièzhi
结婚戒指
almoço wǔfàn
午饭
almofada diànzi
垫子
alô (ao telefone) wéi
喂
alto (estatura) gāo
高
(som) dàshēng de
大声的
no alto zài dǐngshang
在顶上
no alto de... -zài... shàngtou
在 ... 上头
alto nível (alto padrão) gāojí
高级
alugar (carrro etc.) zū 租

para alugar chūzū 出租
gostaria de alugar uma bicicleta wǒ xiǎng zū yīliàng zìxíng chē
我想租一辆自行车
onde posso alugar uma bicicleta? zài nǎr néng zū dào zìxíngchē?
在哪儿能租到自行车？
aluguel (de casa) fángzū
房租
(de carro) qìchē chūzū
汽车出租
amanhã míngtian
明天
depois de amanhã hòutian
后天
amanhã de manhã míngtian zǎoshang
明天早上
amanhecer (alvorada) límíng
黎明
ao amanhecer tiān gāng liàng
天刚亮
amar ài 爱
amo a China wǒ ài Zhōngguó
我爱中国
amarelo huángsè
黄色
amargo kǔ 苦
ambos liǎngge dōu
两个都
ambulância jiùhùchē
救护车
chame uma ambulância! (kuài) jiào jiùhùchē!
（快）叫救护车
ameixa lǐzi
李子
amendoins huāshēng
花生
ameno (clima) nuǎnhuo
暖和
americano Měiguó (de)
美国（的）
eu sou americano wǒ shì Měiguó rén
我是美国人
amigo péngyou
朋友
amizade yǒuyì
友谊
amor liàn'ài
恋爱
ampère: um fusível de 13 ampères shísān ānpéi de bǎoxiǎnsī
十三安培的保险丝
analgésicos zhǐténgyào
止疼药
andar (pavimento) lóu 楼
(em hotel etc.) céng 层
andar de baixo (em relação a quem fala) lóuxià
楼下
andar de cima (em relação a quem fala) lóushàng 楼上
anel jièzhi
戒指

animado (pessoa) huópo
活泼
(cidade) rènao
热闹
animal dòngwù
动物
aniversário shēngrì
生日
feliz aniversário! zhù nǐ shēngrì kuàilè!
祝你生日快乐
ano nián 年

diálogo

> quantos anos você tem? nín duō dà niánlíng?
> (para uma pessoa idosa) nín duō dà niánjì le?
> (para uma criança) ni jǐsuì le?
> tenho 25 anos wǒ èrshíwǔ suì
> e você? nǐ ne?

Ano-Novo xīnnián
新年
Ano-Novo chinês chūnjié
春节
Feliz Ano-Novo! xīnnián hǎo!
新年好
(chinês) gōnghè xīnxǐ!
恭贺新禧
antecedência: com antecedência tíqián
提前

anteontem qiántiān
前天
antes de... ...yǐqián
...以前
 antes de quinta-feira xīngqī sì zhī qián
星期四之前
antibióticos kàngjūnsù
抗菌素
anticoncepcional bìyùn yòngpǐn
避孕用品
antiguidade: é uma antiguidade autêntica? shì zhēn gǔdǒng ma?
是真古董吗？
antiquário (loja) wénwù shāngdiàn
文物商店
anti-séptico fángfǔjì
防腐剂
apagado (desligado: luz, máquina) guān shangle
关上了
apagar (desligar) guān
关
aparar: apenas aparar, por favor (no cabeleireiro) qǐng zhǐ xiūxiu biānr
请只修修边儿
aparelho auditivo zhùtīngqì
助听器
aparelho de barbear (manual) tìxúdāo
剃须刀

(elétrico) diàndòng tìxū dāo
电动剃须刀
aparelho de som lìtǐshēng
立体声
apartamento dānyuán
单元
apendicite lánwěiyán
阑尾炎
aperitivo kāiwèijiǔ
开胃酒
apertado (justo: roupas etc.)
xiǎo
小
  está muito apertado
  tài xiǎo le
  太小了
apinhado (lotado)
yōngjǐ
拥挤
aposentado (pensionista)
lǐng yánglǎojīn de rén
领养老金的人
  sou aposentado
  wǒ tuìxiūle
  我退休了
aprender xuéxí
学习
apresentar jièshào
介绍
  posso apresentar...? wǒ lái
  jièshào yíxià, zhèi wèi shì-...?
  我来介绍一下这位是 ... ?
apressar-se: apresse-se!
kuài diǎnr!
快点儿

aproximadamente
dàyuē 大约,
chàbuduō 差不多
  são aproximadamente
  cinco horas wǔdiǎn (zhōng)
  zuǒyòu
  五点钟左右
aquecedor (de ambiente)
nuǎnqì 暖器,
sànrèqì 散热器
aquecedor elétrico diàn lúzi
电炉子
aquecimento (sistema) nuǎnqì
暖气
aquele nèi yíge
那一个
aqueles* nèixiē
那些
aqui zhèr
这儿
  aqui está (ao dar algo) gěi nǐ
  给你
  aqui está/estão... zhèr shì...
  这儿是 ...

diálogo

há quanto tempo você
está aqui? nǐ lái zhèr duō
cháng shíjiān le?

estou aqui há dois dias, e
você? wǒ láile liǎng tiān
le, nǐ ne?

estou aqui há uma semana
wǒ láile yíge xīngqī le

ar kōngqì 空气
  ao ar livre lùtiān
  露天
  pelo ar; por avião zuò fēijī
  坐飞机
ar-condicionado kōngtiáo
空调
área (medida) miànjí
面积
  (região) dìqū
  地区
armário guìzi
柜子
armário com chave (para bagagem etc.) xiǎochúguì
小橱柜
arriscado màoxiǎn
冒险
arroz (cozido) mǐfàn 米饭
  (cru) dàmǐ 大米
  (frito) chǎofàn 炒饭
arrozal dàotián
稻田
arrumar (organizar) shōushi
收拾
arte yìshù
艺术
artes marciais wǔshù
武术
árvore shù 树
às: às seis horas liùdiǎn zhōng
六点钟
asma qìchuǎn
气喘

aspirador de pó xīchénqì
吸尘器
aspirina āsīpǐlín
阿斯匹林
asqueroso ràng rén ěxīn
让人恶心
assaltar: fui assaltado wǒ gěi rén qiǎngle
我给人抢了
assento (lugar) zuòwei
座位
assento macio ruǎnzuò
软座
assento rijo (de trem etc.) yìngxí
硬席
assim: assim que for possível jǐnkuài
尽快
até... -zhǐdào-...-wéizhǐ
只到 ... 为止
  (mesmo) shènzhi
  甚至
até logo zàijiàn
再见
atendente (no trem) chéngwùyuán
乘务员
atração: as atrações de... -...-de fēngjǐng
... 的风景
atrás hòu
后
  atrás de..., na parte de trás zài-... hòumian
  在 ... 后面

atrás de mim zài wǒ hòumian
在我后面
uma semana atrás yíge xīngqī yǐqián
一个星期以前
uma hora atrás yíge xiǎoshí yǐqián
一个小时以前
atrasar chí
迟
  desculpe, estou atrasado duìbuqǐ, wǒ lái wǎnle
  对不起我来晚了
  o trem estava atrasado huǒchē lái wǎnle
  火车来晚了
  temos de ir – chegaremos atrasados wǒmen děi zǒule láibujíle
  我们得走了来不及了
atraso wǎndiǎn
晚点
atravessar chuān
穿
atropelar zhuàng dǎo
撞倒
Austrália Àodàlìyà
澳大利亚
australiano Àodàlìyà (de)
澳大利亚（的）
  sou australiano wǒ shì Àodàlìyà rén
  我是澳大利亚人
autêntico zhēnzhèng
真正

automático zìdòng
自动
avaria (pane) gùzhàng
故障
avelã zhēnzi
榛子
avião fēijī
飞机
  de avião zuò fēijī
  坐飞机
avó (materna) wàipó
外婆
  (paterna) nǎinai
  奶奶
avô (materno) wàigōng
外公
  (paterno) yéye
  爷爷
azedo (sabor) suān
酸
azul lánsè
蓝色
  olhos azuis lán yǎnjing
  蓝眼睛

B

babá bǎomǔ
保姆
baby-sitter línshí kān xiǎoháir de
临时看小孩儿的
bagagem xíngli
行李

bagagem de mão shǒutí xíngli
手提行李
baía hǎiwān
海湾
bairro dìqū
地区
baixo (estatura) ǎi 矮
(ponte, nível etc.) dī 低
(preço) piányide
便宜的
bala (doce) tángguǒ
糖果
balcão de informações
 wènxùnchù
问讯处
balcão de recepção
 zǒng fúwùtái
总服务台
balde tǒng
桶
balé bāléiwǔ
芭蕾舞
balsa (ferryboat) bǎidù 摆渡,
 lúndù 轮渡,
 kèchuán 客船
bambu zhúzi
竹子
banana xiāngjiāo
香蕉
banco (de dinheiro) yínháng
银行
banda (musical) yuèduì
乐队
bandagem (faixa) bēngdài
绷带

bandeira qí
旗
bandeja chápán
茶盘
banheira zǎopén
澡盆
banheiro cèsuǒ
厕所,
 yùshì
浴室
banheiro privativo
 sīrén(de)yùshì
私人（的）浴室
com banheiro privativo dài
 xǐzǎojiān de fángjiān
带洗澡间的房间
banheiro público gōnggòng
 cèsuǒ
公共厕所
banho xǐzǎo
洗澡
posso tomar banho? wǒ
 néng xǐ ge zǎo ma?
我能洗个澡吗？
banquete yànhuì
宴会
bar jiǔbājiān
酒吧间
barata zhāngláng
蟑螂
barato piányi
便宜
tem alguma coisa mais barata? yǒu piányi diǎnr de ma?
有便宜点儿的吗？

barba húzi
胡子
barbante shéngzi
绳子
barbeador elétrico diàntìdāo
电剃刀
barbearia lǐfàdiàn
理发店
barco chuán
船
barco a motor qìtǐng
汽艇
barra: uma barra de chocolate yí kuàir qiǎokèlì
一块儿巧克力
barulhento: é muito barulhento tài chǎole
太吵了
barulho zàoyīn
噪音
bastante xiāngdāng
相当
  realmente bastante xiāngdāng duō
  相当多
  já é o bastante, obrigado(a) gòule, xièxie
  够了谢谢
  não há bastante bú gòu
  不够
  não é bastante grande bú gòu dà
  不够大
batata tǔdòu
土豆

batata chips (fatias finas) (zhá) tǔdòupiànr
（炸）土豆片儿
batata frita (palitos) zhá tǔdòu tiáo
炸土豆条
batedor de carteira páshǒu
扒手
bater dǎ 打, qiāo 敲
bateria diànchí
电池
batida (colisão) zhuàng chē
撞车
batom kǒuhóng
口红
bêbado hēzuìle
喝醉了
bebê yīng'ér
婴儿
beber hē
喝

diálogo

o que você gostaria de beber? nǐ xiǎng hē diǎnr shénme?
你想喝点儿什么？
nada, obrigado(a), eu não bebo xièxie, wǒ bú huì hē jiǔ
谢谢我不会喝酒
só quero beber água wǒ hē diánr shuǐ ba
我喝点儿水吧

bebida (alcoólica) jiǔ
酒
(não-alcoólica) yǐnliào
饮料
uma bebida gelada yì bēi lěngyǐn
一杯冷饮
posso lhe oferecer uma bebida? hēdiǎnr shénme ma?
喝点儿什么吗？
beijo wěn
吻
beliche wòpù
卧铺
beliche de baixo xià pù
下铺
beliche do meio zhōng pù
中铺
beliche de cima shàng pù
上铺
bem (adv): não me sinto bem wǒ bù shūfu
我不舒服
ela não está bem tā bù shūfu
她不舒服
está bem para você? xíng bù xíng?
行不行？
estou bem wǒ méi shìr
我没事儿
muito bem! tài hǎole!
太好了
você está bem? nǐ méi shìr ba?
你没事儿吧？

você fala inglês muito bem nǐ Yīngyǔ jiǎngde hěn hǎo
你英语讲得很好

diálogos

como vai? nín hǎo ma?
muito bem, obrigado(a), e você? hén hǎo xièxie, nǐ ne?

como vai? nǐ hǎo ma?
bem, obrigado(a) hěn hǎo, xièxie
assim está bem? zhèyàng xíng ma?
está bem, obrigado(a) xíng, xièxie

bem passado (carne) lànshú
烂熟
bem-vindo: bem-vindo a... -huānyíng dào-...-
欢迎到 ...
biblioteca túshūguǎn
图书馆
bicicleta zìxíngchē
自行车
bife niúpái
牛排
bifurcação chàlù
叉路
bigode xiǎo húzi
小胡子
bilhete piào 票

diálogo

> um bilhete de ida e volta para Xian wǎng Xīan de láihuí piào
> quando volta? nèitiān yào huílái?
> hoje/na próxima terça-feira jīntian/xiàge xīngqīèr
> são 30 yuans sānshí kuài qián

bilhete de ida dānchéng piào
单程票
bilhete de ida e volta láihuí piào
来回票
bilhete simples (dānchéng) piào
（单程）票
bilheteria shòupiàochù
售票处
biscoito bǐnggān
饼干
bloqueado dǔzhùle
堵住了
blusa nǚchènshān
女衬衫
boa-noite wǎn ān
晚安
boate yèzǒnghuì
夜总会
bobo chǔn 蠢, bèn 笨
boca zuǐ 嘴

bóia de salva-vidas jiùshēngquān
救生圈
bola qiú
球
bola de futebol zúqiú
足球
bolacha (biscoito) xiǎo bǐnggān
小饼干
bolo dàngāo
蛋糕
bolsa shǒutíbāo
手提包
bolso kǒudàir
口袋儿
bom hǎo 好
  bom! hǎo! 好
  muito bom hěn hǎo
  很好
  não é bom bù hǎo
  不好
  (tempo, clima bom) qínglǎng
  晴朗
bombeiros xiāofángduì
消防队
bom-dia nǐ zǎo
你早
bonde yǒuguǐ diànchē
有轨电车
bondoso hǎo
好
  é muito bondoso
  nǐ zhēn hǎo
  你真好

boné màozi
帽子
bonito (dia, tempo) hǎo
好
 (em geral) měilì
美丽
 (mulher) piàoliang
漂亮
 (para aparência) hǎokàn
好看
 (vista, cidade, prédio) měi
美
bordado cìxiù
刺绣
borracha (material) xiàngjiāo
橡胶
 (para apagar) xiàngpí
橡皮
bosque shùlín
树林
bota xuēzi
靴子
botão niǔkòu
纽扣
braço gēbo
胳膊
branco bái 白
Brasil baxi 巴西
brasileiro baxiren 巴西人
brilhante (luz etc.) míngliàng
明亮
 (idéia, pessoa) gāomíng
高明
brincar wánr
玩儿

brincos ěrhuán 环
brinquedo wánjù
玩具
brisa wēifēng
微风
britânico Yīngguó (de)
英国（的）
 eu sou britânico wǒ shì Yīngguó rén
我是英国人
broche xiōngzhēn
胸针
broto de bambu zhúsǔn
竹笋
broto de feijão dòu yár
豆芽儿
Buda Fó
佛
budismo Fójiào
佛教
budista Fójiàotú
佛教徒
buraco dòng
洞
buscar qǔ-... 取
 eu vim buscar... wǒ lái qǔ-...
我来取
 vou buscá-lo(a) wǒ qù jiào tā lái 我去叫他来
 pode vir me buscar mais tarde? děng huìr nǐ lái jiē wǒ, hǎo ma?
等会儿你来接我好吗
bússola zhǐnánzhēn
指南针

C

cabeça tóu
头

cabelos tóufa
头发

cabide yījià
衣架

cabine (de trem) wòpù
卧铺

cabine telefônica diànhuàtíng
电话亭

caça (carne) yěwèi
野味

cachimbo yāndǒu
烟斗

cachorro gǒu
狗

cada měi
每

  quanto custa cada um? yí ge yào duōshao qián?
  一个要多少钱？

cadarço (cordões de sapato) xiédài
鞋带

cadeira yǐzi
椅子

cadeira de rodas lúnyǐ
轮椅

caderno bǐjìběn
笔记本

caderno de endereços tōngxùnlù
通讯录

caderno de telefones diànhuà bù
电话簿

café kāfēi
咖啡

  dois cafés, por favor qǐng lái liǎng bēi kāfēi
  请来两杯咖啡

café-da-manhã zǎofàn
早饭

café instantâneo/solúvel sùróng kāfēi
速溶咖啡

cair shuāidǎo
摔倒

  ela caiu tā shuāile yì jiāo
  她摔了一交

caixa (de banco etc.) jiāokuǎnchù
交款处

  (recipiente) hézi 盒子

  uma caixa de chocolates yí hé qiǎokèlì
  一盒巧克力

caixa de cartas xìnxiāng
信箱

caixa eletrônico zìdòng qǔkuǎnjī
自动取款机

calar: cale a boca! zhù zuǐ!
住嘴

calça comprida kùzi
裤子

calçada rénxíng dào
人行道

calcanhar jiǎogēn
脚跟

calção de banho yóuyǒngkù
游泳裤

calcinha sānjiǎokù
三角裤,
xiǎo sānjiǎokù 小三角裤

calmo (lugar, hotel) ānjìng
安静

calor rè
热

estou com calor wǒ juéde hěn rè
我觉得很热

cama chuáng
床

vou para a cama agora wǒ yào shuì le
我要睡了

camas separadas liǎngge dānrénchuáng
两个单人床

cama de casal shuāngrén chuáng
双人床

cama de solteiro dānrén chuáng
单人床

câmara de ar (pneu) nèitāi
内胎

camarão graúdo duìxiā
对虾

camareira (de hotel) nǚ fúwùyuán
女服务员

camarote (de navio) chuáncāng
船舱

câmera (fotográfica) zhàoxiàngjī
照相机

caminhada: é uma caminhada curta zhǐ shì liūdaliūda
只是溜达溜达

é uma caminhada longa? yào zǒu hén yuǎn ma?
要走很远吗？

vou dar uma caminhada wǒ chūqu sànsan bù
我出去散散步

caminhão kǎchē
卡车

caminho lù 路,
xiǎolù
小路

o caminho é por aqui shì zhèitiáo lù
是这条路

o caminho é por ali shì nèitiáo lù
是那条路

é um longo caminho até...? dào-...-yuǎn ma?
到 ... 远吗？

diálogo

poderia me dizer qual o caminho para...? qǐng nín gàosu wǒ, dào-...-zěnme zǒu, hǎo ma?
siga em frente até chegar

> ao semáforo yìzhí zǒu dào hónglùdēng
> vire à esquerda wǎng zuǒ guǎi
> pegue a primeira à direita yào yòubiānr dì yīzhuǎn
> ver Orientação, pág. 20

camisa chènyī
衬衣
camiseta (chángxiù) hànshān（长袖）汗衫, T xùshān T恤衫
campo (terreno plantado) tiándì
田地
(zona rural) xiāngcūn
乡村
campo de arroz dàotián
稻田
camundongo láoshǔ
老鼠
Canadá Jiānádà
加拿大
canadense Jiānádà (de)
加拿大（的）
 eu sou canadense wǒ shì Jiānádàrén
 我是加拿大人
canal yùnhé
运河
canção gē 歌
cancelar (reserva etc.) tuì
退
caneca bēi
杯

caneta esferográfica yuánzhūbǐ
圆珠笔
caneta tinteiro gāngbǐ
钢笔
canhoto zuópiězi
左撇子
canivete qiānbǐdāo
铅笔刀
cano guǎnzi
管子
cansado lèi
累
 estou cansado wǒ lèi le
 我累了
cantar chànggē
唱歌
cantonês (adj) Guǎngdōng(de)
广东（的）
 (idioma) Guǎngdōnghuà
 广东话
 (pessoa) Guǎngdōng rén
 广东人
cantor gēchàngjiā
歌唱家
cantor pop liúxíng gēshǒu
流行歌手
capa de chuva yǔyī
雨衣
caranguejo pángxiè
螃蟹
carimbo túzhāng
图章
carne ròu
肉

carne de boi niúròu
牛肉
caro guì
贵
é bem caro tài guìle
太贵了

diálogo

> quanto custa isto? zhèi ge duōshao qián?
> 30 yuans sān shí kuài qián
> é muito caro, que tal 20? tài guì le, èr shí kuài, zěnme yàng?
> deixo por 25 èr shí wǔ kuài ba
> pode diminuir um pouco mais? zài jiǎn yí diǎnr ba?
> OK, negócio fechado hǎo ba

carona: poderia me dar uma carona? nǐ néng bù néng ràng wǒ dāge chē?
你能不能让我搭个车？
carpete dìtǎn
地毯
carrinho de bagagem xínglichē
行李车
carro xiǎo qìchē
小汽车
de carro zuò xiǎo qìchē
坐小汽车

nós viemos de carro até aqui wǒmen kāichē lái de
我们开车来的
levo você de carro em casa wǒ kāichē sòng nǐ huíjiā
我开车送你回家
carta xìn 信
tem alguma carta para mim? yǒu xìn, ma?
有信吗？
carta de vinhos jiǔdān
酒单
cartão kǎpiàn
卡片
aqui está o meu cartão de visita zhèi shì wǒde míngpiàn
这是我的名片
cartão de aniversário shēngrì kǎ
生日卡
cartão de crédito xìnyòng kǎ
信用卡
vocês aceitam cartões de crédito? shōu xìnyòng kǎ ma?
收信用卡吗？

diálogo

> posso pagar com cartão de crédito? wǒ kěyǐ yòng xìnyòng kǎ jiāo kuǎn ma?
> que cartão deseja utilizar? nín yòng de shì shénme kǎ?

Mastercard/Visa
sim, senhor kěyǐ
可以
qual é o número? duōshao hàomǎ?
多少号码？
e a data de validade? jǐ shí guòqī?
几时过期？

cartão de embarque dēngjī kǎ
登机卡
cartão de Natal shèngdàn kǎ
圣诞卡
cartão de telefone diànhuàkǎ
电话卡
cartão-postal míngxìnpiàn
名信片
cartaz (pôster) zhāotiē
招贴
carteira (de dinheiro) qiánbāo
钱包
carteira de habilitação jiàshǐ zhízhào
驾驶执照
casa (a construção, o prédio) fángzi
房子
(lar, família) jiā 家
em casa zài jiā
在家
na sua casa zài nǐde jiā
在你的家
voltamos para casa amanhã wǒmen míngtian huí guó
我们明天回国
casacão (sobretudo) dàyī
大衣

casa de câmbio wài huì duìhuàn bù
外汇兑换部
casado: sou casado wǒ jiéhūnle
我结婚了
você é casado? nǐ jiéhūnle ma?
你结婚了吗？
casal (marido e mulher) fūfù
夫妇
casamento hūnlǐ
婚礼
castanha lìzi
栗子
castelo chéngbǎo
城堡
catedral dà jiàotáng
大教堂
católico tiānzhǔjiào
天主教
cavalgar qí mǎ
骑马
cavalo mǎ
马
caverna shāndòng
山洞
(como moradia) yáodòng
窑洞
cebola yángcōng
洋葱
cedo zǎo
早
de manhã cedo yì zǎo
一早

passei aqui mais cedo wǒ zǎo xiē shíhou láiguo
我早些时候来过
cédula (nota) chāopiào
钞票
cego xiā
瞎
celular (telefone) shǒutí diànhuà
手提电话
cemitério mùdì
墓地
cenoura húluóbo
胡萝卜
centígrado shèshì
摄氏
centímetro límǐ
厘米
central zhōngyāng
中央
centro zhōngxīn
中心
centro da cidade shì zhōngxīn
市中心
como chegamos ao centro da cidade? qù shì zhōngxīn zěnme zǒu?
去市中心怎么走？
cerca (aproximadamente): cerca de 20 -èr shí zuǒyòu
二十左右
(construção que delimita uma área) zhàlan
栅栏

diálogo

quanto ainda falta até a Cidade Proibida? dào Gùgōng hái yǒu duōshao lù?
cerca de 5 quilômetros dàyuē wǔ gōnglǐ (lù)

cereja yīngtao
樱桃
certamente yídìng
一定
certamente que não yídìng bù
一定不
certeza: você tem certeza? zhēnde ma?
真的吗？
certo duì 对
certo! duì! 对
está certo duì le
对了
está totalmente certo duì jíle
对极了
esta é a estrada certa para...? qù-..., zhème zǒu duì ma?
去 … 这么走对吗？
este é o trem certo para...? zhè liè huǒchē qù... ma?
这列火车去 … 吗？
isto não pode estar certo zhè búduì 这不对
você estava certo nǐ duìle
你对了

cerveja píjiǔ
啤酒
  duas cervejas, por favor qǐng lái liǎng bēi píjiǔ
  请来两杯啤酒
cerveja clara (lager) píjiǔ
啤酒
cesta kuāng 筐
céu tiān 天
chá chá 茶
  chá para um/dois, por favor qǐng lái yí/liǎngge rén de chá
  请来一／两个人的茶
chá da China Zhōngguo chá
中国茶
chá de jasmim mòlìhuā chá
茉莉花茶
chá de limão níngméngchá
柠檬茶
chaleira shuǐhú
水壶
chamada a cobrar (de telefone) duìfāng fùkuǎn
对方付款
chamada interurbana (de telefone) chángtú diànhuà
长途电话
chamar: como se chama isto? zhèige jiào shénme?
这个叫什么？
  ele/ela se chama...
  (primeiro nome) tā jiào...
  他叫 ...
  (sobrenome) tā xìng...
  他姓 ...

  poderia chamar o Sr.... ?
  nǐ néng jiào yíxia-... xiānsheng ma?
  你能叫一下 ... 先生吗？
  por favor, chame o médico
  qǐng bǎ yīshēng jiào lái
  请把医生叫来
chão (piso) dìbǎn
地板
  no chão zài dìshang
  在地上
chapelaria yīmàojiān
衣帽间
chapéu màozi
帽子
charuto xuějiā
雪茄
chato (desagradável) ràng rén tǎoyàn
让人讨厌
  que chato! zhēn tǎoyàn!
  真讨厌
chave yàoshi
钥匙
  a chave do quarto 201, por favor qǐng gěi wǒ èr líng yāo fáng de yàoshi
  请给我二零一房的钥匙
chaveiro yàoshi quān
钥匙环
chegar dào 到, dàodá 到达
  acabamos de chegar wǒmen gāng dào
  我们刚到

acabei de chegar aqui wǒ gāng daò le
我刚到了

chegamos hoje wǒmen jīntiān gāng dào
我们今天刚到

como chego a...? qù-... zěnme zǒu?
去 ... 怎么走？

meu fax já chegou? wǒ gěi nǐ fā de chuánzhēn dàole ma?
我给你发的传真到了吗？

quando chegamos? wǒmen shénme shíhou dàodá?
我们什么时候到达？

cheio mǎn 满

está cheio de... lǐmian dōu shì...
里面都是 ...

de saco cheio (grosseiro) fán sǐ le
烦死了

cheirar: isto cheira mal yǒu wèir le
有味儿了

cheque de viagem lǚxíng zhīpiào
旅行支票

China Zhōngguó 中国

chinês (adj) Zhōngguó(de)
中国（的）

(chinês falado) Hànyǔ
汉语

(chinês escrito) Zhōngwén
中文

(pessoa) Zhōngguó rén
中国人

povo chinês Zhōngguó rénmín
中国人民

chocante jīngréndé
惊人的

chocolate qiǎokèlì
巧克力

chocolate ao leite nǎiyóu qiǎokèlì
奶油巧克力

chocolate puro chún qiǎokèlì
纯巧克力

chocolate quente yì bēi rè qiǎokèlì (yǐnliào)
一杯热巧克力（饮料）

chope shēng píjiǔ
生啤酒

choque: levei um choque elétrico do... -wǒ pèngzhe...-ér chùdiàn
我碰着 ... 而触电

chorar kū 哭

chover: está chovendo xià yǔ le
下雨了

chuva yǔ 雨

na chuva zài yǔlì
在雨里

chuvarada zhènyǔ
阵雨

chuveiro línyù 淋浴

com chuveiro dài línyù
带淋浴
ciclismo qí zìxíngchē
骑自行车
ciclista qí zìxíngchē de rén
骑自行车的人
cidadão da terceira idade
lǎoniánren
老年人
cidade chéngshì 城市,
chéngzhèn 城镇
 na cidade (zài) chéngli
 （在）城里
 fora da cidade (zài)
 chéngwài
 （在）城外
Cidade Proibida Gùgōng
故宫
cidade velha (a parte antiga)
jiùchéng
旧城
cigarro xiāngyān
香烟
cima shàng
上
 lá em cima zài nàr
 在那儿
cinema diànyǐng yuàn
电影院
Cingapura Xīnjiāpō
新加坡
cinto yāodài
腰带
cintura yāo
腰

cinza (cor) huīsè(de)
灰色的
cinzeiro yānhuī gāng
烟灰缸
círculo yuánquān
圆圈
cirurgia shǒushù
手术
ciumento jìdù
忌妒
claro (água etc.) qīngchè
 清澈
 (fala, escrita) qīngxī
 清晰
 (óbvio) míngxiǎn
 明显
 (pálido) cāngbái
 苍白
 azul-claro dàn lánsè
 淡蓝色
claro! (com certeza) dāngrán!
当然
é claro que não dāngrán bù
当然不
classe econômica jīngjìcāng
经济舱
clínica zhěnsuǒ
诊所
club soda sūdá
苏打
cobertor tǎnzi 毯子
cobrar a mais: você me
 cobrou a mais nǐ duōshōule
 wǒde qián
 你多收了我的钱

Coca-Cola® Kěkǒukělè
可口可乐
coçar: isso coça yǎng 痒
código de área (de telefone)
diànhuà qūhào
电话区号
qual é o código de área de Pequim? Běijīng de diànhuà qūhào shì duōshao?
北京的电话区号是多少？
coelho (carne) tùzi
兔子
cogumelos mógu
蘑菇
coisa (assunto) shìr 事儿
(objeto) dōngxi 东西
minhas coisas wǒde dōngxi
我的东西
cola jiāoshuǐr
胶水儿
colante (roupa) liánkùwà
连裤袜
colar xiàngliàn
项链
colarinho (de roupa) yīlǐng
衣领
colchão chuángdiàn
床垫
colete salva-vida jiùshēngyī
救生衣
colher sháozi
勺子
colher de chá cháchí
茶匙

colina (morro) shān
山
colisão (batida) zhuàng chē
撞车
com* hé-...-yìqǐ
和 ... 一起
com licença (para pedir passagem) láojià
劳驾
(para obter atenção) láojià, qǐng wèn-...
劳驾请问
combinação (lingerie) chènqún
衬裙
começar kāishǐ
开始
quando começa? jǐdiǎn kāishǐ?
几点开始？
comer chī 吃
nós já comemos, obrigado(a) xièxie, wǒmen yǐjing chīle
谢谢我们已经吃了
cômico huájī
滑稽
comida shíwù 食物
(em loja) shípǐn 食品
(a refeição) fàn 饭

diálogo

gostou da comida? chīde hái hǎo ma?
estava excelente, obrigado(a) hěn hǎo, xièxie

comida de bebê yīng'ér shíwù
婴儿食物
comida ocidental xīcān
西餐
comigo: não o tenho comigo
wǒ méi dài zài shēnshang
我没带在身上
comissária de bordo
kōngzhōng xiáojiě
空中小姐
comissário de bordo
fúwùyuán
服务员
como zěnme
怎么
como ele é? tā xiàng shénme?
它象什么？
eu gostaria de um como este aqui wǒ yào tónglèide
我要同类的
como? (sem entender ou ouvir)
nǐ shuō shénme?
你说什么？
como vai? nǐ hǎo
你好？

diálogo

> como está? nǐ hǎo ma?
> bem, obrigado(a), e você?
> hěn hǎo, nǐ ne?

compact disc jīguāng chàngpiàn
激光唱片

companheiro bànr
伴儿
completamente wánwánquán-quán
完完全全
comprar mǎi 买
onde posso comprar...? zài nǎr néng mǎidào-...?
在哪儿能买到 ... ?
compras: vou fazer compras
wǒ qù mǎi dōngxi
我去买东西
compreender: eu compreendo
wǒ dǒng le
我懂了
não compreendo wǒ bù dǒng
我不懂
você compreende? nǐ dǒngle, ma?
你懂了吗？
comprido cháng 长
compromisso (hora marcada)
yuēhuì
约会

diálogo

> bom-dia, posso ajudá-lo?
> nín zǎo, wǒ néng bāng shénme máng ma?
> gostaria de marcar uma hora wǒ xiǎng dìng ge yuēhùi
> que horário prefere? nín xiǎng yuē shénme shíjian?

às três horas sān diǎn (zhōng)
receio que não seja possível, quatro horas está bem? duìbùqǐ sān diǎn bù xíng, sì diǎn (zhōng) xíng ma?
sim, está bem xíng, kěyǐ
qual o seu nome? nín guì xìng?

computador diànnǎo
电脑
comum (geralmente) píngcháng
平常
(medíocre) pǔtōng 普通
comunismo gòngchǎnzhǔyì
共产主义
concerto yīnyuèhuì
音乐会
concordar: eu concordo wǒ tóngyì
我同意
concussão nǎozhèndàng
脑震荡
condicionador (de cabelos) hùfàsù
护发素
conexão (de mercadoria) liányùn
联运
(de pessoa) zhōngzhuǎn
中转
confeitaria gāodiǎndiàn
糕点店

conferência huìyì
会议
confortável shūfu
舒服
congelado bīngdòngde
冰冻的
conhaque báilándì
白兰地
conhecer (algo, um lugar) zhīdao 知道
(alguém) rènshi 认识
(no primeiro encontro) pèngjiàn 碰见
prazer em conhecê-lo(la) jiàndào nǐ hěn gāoxìng
见到你很高兴
conjunto (roupa) tàozhuāng
套装
conosco gēn wǒmen yìqǐ
跟我们一起
conseguir: sabe onde posso consegui-los? nǐ zhīdao wǒ zài nǎr néng mǎi dào ma?
你知道我在哪儿能买到吗？
consertar (máquina, bicicleta) xiūlǐ 修理
(roupas) féngbǔ 缝补
pode consertar isto? nǐ kěyi xiūxiu ma?
你可以修修吗？
poderia consertar isto para mim? qǐng gěi wǒ xiūlǐ yíxià hǎo ma?
请给我修理一下好吗？

conservador (comportamento, mentalidade, moda) guòshí(de)
过时（的）
(pessoa) shǒujiù(de)
守旧（的）
consulado lǐngshìguǎn
领事馆
conta (de restaurante) zhàngdānr
帐单儿
  poderia trazer a conta, por favor? qǐng bāng wǒ jiézhàng, hǎo ma?
  请帮我结帐好吗？
  (bancária) zhànghù
  帐户
contatar liánxi
联系
contemplar (observar) kàn
看
contente gāoxìng
高兴
contrário: no sentido contrário xiāngfǎn de fāngxiàng
相反的方向
contratar (guia, intérprete) gù 顾
conveniente fāngbiàn
方便
  isso não é conveniente bù fāngbiàn
  不方便
convés (de navio) jiábǎn
甲板
convidado (hóspede) kèrén
客人

convidar yāoqǐng
邀请
convite yāoqǐng
邀请
copo bōli bēi
玻璃杯
  um copo de vinho yì bēi jiǔ
  一杯酒
cor yánsè 颜色
  tem isso de outras cores? yǒu biéde yánsè de ma?
  有别的颜色吗？
coração xīnzàng
心脏
corda shéngzi
绳子
cordeiro (carne) yángròu
羊肉
cor-de-rosa fěnhóng
粉红
coreano Cháoxiān
朝鲜
Coréia do Norte Běi Cháoxiān
北朝鲜
Coréia do Sul nán Cháoxiān
南朝鲜
coroa (de dente) yáguàn
牙冠
corpo shēntǐ 身体
corredor zǒuláng
走廊
correia (pulseira) dàir
带儿
correio yóujiàn
邮件

correio aéreo hángkōng(xìn)
航空信
correio central dà yóujú
大邮局
correio por terra lùshang yóudì
陆上邮递
corrente (elétrica) diànliú
电流
corrente de ar: está fazendo uma corrente de ar zhèr tōngfēng
这儿通风
correnteza shuǐliú
水流
correr pǎo
跑
correspondência (de correio) yóujiàn
邮件
tem alguma correspondência para mim? yǒu wǒde xìn ma?
有我的信吗？
correspondente (amigos por correspondência) bíyǒu
笔友
correto duì 对
corrida bǐsài
比赛
cortar: eu me cortei wǒ bǎ zìjǐ gēshāng le
我把自己割伤了
corte dāoshāng 刀伤
(de cabelos) lǐfà 理发
(de luz) tíngdiàn 停电

cortinas chuānglián
窗帘
cosméticos huàzhuāngpǐn
化妆品
costas hòubèi
后背
costume fēngsú
风俗
costurar féng 缝
poderia costurar este... qǐng nín bāng wǒ bǎ zhèi-ge-...-fénghuíqu, hǎo ma?
请您帮我把这个 ... 缝回去好吗？
cotação cambial duìhuàn lǜ
兑换率
cotovelo gēbozhǒur
胳膊肘儿
couro pígé
皮革
couve-flor càihuā
菜花
coxa dàtuǐ
大腿
cozido no vapor zhēng 蒸
cozinha chúfáng
厨房
creme de barbear guā hú pàomò 刮胡泡沫
creme hidratante cāliǎnyóu
擦脸油
crespo juǎnqūde
卷曲的
criança háizi
孩子

cruzamento (de rua) shízì lùkǒu
十字路口
(de rodoviа) jiāochākǒu
交叉口
cruzeiro zuò chuán lǚxíng
坐船旅行
cuba-libre (rum e Coca-Cola®)
kěkoukělè jiā lángmǔjiǔ
可口可乐加朗姆酒
cueca kùchǎ
裤衩
cuidado! xiǎoxīn!
小心
culpa cuò 错
 desculpe, foi culpa minha
 duìbuqǐ shì wǒde cuò
 对不起是我的错
 a culpa não é minha bú shì
 wǒde cuò
 不是我的错
cunhado (marido da irmã mais
velha) jiěfū
姐夫
(marido da irmã mais nova) mèifu
妹夫
(irmão mais velho da esposa)
nèixiōng
内兄
(irmão mais novo da esposa) nèidì
内弟
(irmão mais velho do marido) dàbó
大伯
(irmão mais novo do marido)
xiǎoshū
小叔

curar zhìyù
治愈
curativo adesivo xiàngpí gāo
橡皮膏
curry gālì 咖喱
curso de línguas yǔyán kè
语言课
curto (comprimento) duǎn 短
(tempo, viagem) duǎn 短
curva (subst) lùwānr
路弯儿
 entrar/fazer a curva
 zhuǎnwānr
 转弯儿
custar: quanto custa?
duōshao qián?
多少钱？
custo (preço) jiàqián
价钱

D

damasco xìngzi
杏子
dança wǔdǎo
舞蹈
dança folclórica mínjiān
wǔdǎo
民间舞蹈
dançar tiàowǔ
跳舞
 gostaria de dançar? nǐ xiǎng
 tiàowǔ ma?
 你想跳舞吗？

danificar (estragar) sǔnhuài
损坏
dar gěi
给
dei... a ele wǒ bǎ... sòng gěi tā
我把 ... 送给他
pode dar isto para...? qǐng bǎ zhèige sònggěi...?
请把这个送给 ... ?
pode me dar um pouco de dinheiro trocado? qǐng gěi wǒ líng qián, hǎo ma?
请给我零钱好吗？
data*: qual a data de hoje? jīntiān jǐ hào?
今天几号？
de* (indicando origem, desde, a partir de) cóng 从
(indicando posse) de 的
é muito longe daqui?
lí zhèr duō yuǎn?
离这儿多远？
quando chega o próximo trem de Suzhou? cóng Sūzhōu lái de xià yì bān huǒchē jǐdiǎn dàodá?
从苏州来的下一班火车几点到达？
da próxima quinta-feira em diante cóng xià xīngqī sì qǐ
从下星期四起
de segunda a sexta-feira cóng xīngqī yī dào xīngqī wǔ
从星期一到星期五

diálogo

> de onde você é? nǐ shì nár de rén?
> eu sou de São Paulo wǒ shì Shèng bǎo luó láide rén

de pernas para o ar dàoguolai
倒过来
de propósito gùyì
故意
de repente tūrán
突然
decidir juédìng
决定
ainda não decidimos wǒmen hái méi juédìng
我们还没决定
decisão juédìng
决定
dedo shóuzhǐ
手指
dedo do pé jiáozhǐtou
脚指头
defeituoso yǒu máobìng
有毛病
deficiente físico cánfèi
残废
existe acesso para deficientes físicos? yǒu cánjirén de tōngdào ma?
有残疾人的通道吗？
degrau: nos degraus zài táijiē shang
在台阶上

deitar-se tǎng 躺
deixar: deixei meu casaco no bar wǒ ba wǒde dàyī liú zài jiǔbājiān
我把我的大衣留在酒吧间
o senhor me deixa descer em...? wǒ zài-... xià, xíng ma?
我在 ... 下行吗？
posso deixar isto aqui? wǒ néng bǎ zhèige liú zài zhèr ma?
我能把这个留在这儿吗？
dela* tāde
她的
isso é dela zhè shì tāde
这是她的
dele* tāde
他的
deles* tāmende
他们的
delegacia de polícia pàichūsuǒ
派出所
delicioso hǎochī
好吃
demais (muito) tài 太
quente demais tài rè
太热
muito mais tài duō
太多
dentadura jiǎyá
假牙
dente yá 牙

dentista yáyī
牙医
dentro* zài-... lǐ
在 ... 里
dentro do hotel zài lǚguǎn lǐmiàn
在旅馆里面
vamos nos sentar lá dentro wǒmen jìnqù zuò ba
我们进去坐吧
departamento (administrativo) bù 部
(acadêmico) xì 系
depender: isso depende de... nà yào kàn-...
那要看 ...
depois yǐhòu
以后
(mais tarde) hòulái
后来
depois do almoço wǔfàn hòu
午饭后
depois você me conta? nǐ dào shíhou gàosu wǒ, hǎo ma?
你到时候告诉我好吗？
depois eu lhe conto wǒ dào shíhou gàosu nǐ
我到时候告诉你
depósito yājīn
押金
depressa hěn kuài di
很快的
derrubar dǎ fān
打翻

desanimado méi jìnr
没劲儿

desastre zāinàn
灾难

descansar: preciso descansar wǒ xūyào xiūxi yíxià
我需要休息一下

descer (escadas etc.) xià 下
onde eu desço? wǒ zài nár xià chē?
我在哪儿下车？

descobrir zhǎochū 找出
poderia descobrir para mim? nǐ néng tì wǒ diàochá yíxià ma?
你能替我调查一下吗？

descontar: pode descontar isto para mim? nǐ néng tì wǒ huàn chéng xiàn qián ma?
你能替我换成现钱吗？

desconto jiǎnjià
减价

tem desconto? néng jiǎnjià ma?
能减价吗？

desculpar-se: desculpe-me duìbuqǐ
对不起

desde: desde a semana passada zìcóng shàngge xīngqī yǐlái
自从上个星期以来

desde que cheguei aqui zìcóng wǒ lái yǐhòu
自从我来以后

desempregado shīyè
失业

desenho huìhuà
绘画

(padrão) tú'àn
图案

desligar: pode desligar o aquecimento? qǐng ba nuǎnqì guānshang
请把暖器关上？

desmaiar yūn
晕

ela desmaiou tā yūndǎole
她晕倒了

ele desmoronou (desmaiou) tā kuǎle
他垮了

sinto que vou desmaiar wǒ juéde yǒu diǎn (tóu) yūn
我觉得有点（头）晕

desodorante chúchòujì
除臭剂

despachar: poderia despachar minha correspondência? nín néng bāng wó zhuǎn yíxià xìn ma?
您能帮我转一下信吗？

despertador nàozhōng
闹钟

destino (em viagem) mùdìdì
目的地

destrancar kāi
开

detergente em pó xǐyīfěn
洗衣粉

detestar hèn 恨
Deus shàngdì 上帝
devagar màn 慢
  mais devagar! màn diǎnr!
  慢点儿
  muito devagar hěn màn
  很慢
dever* (indicando suposição): ele deve voltar logo guò yíhuìr, tā yīng zài huílai
  过一回儿他应再回来
  ele devia ter chegado ontem tā yīnggāi shì zuótiān dào
  他应该昨天到
  quando o trem deve chegar? huǒchē jǐ diǎn dào?
  火车几点到？
  (precisar): eu devo wǒ bìxū
  我必须
  eu não devo beber álcool wǒ búhuì hē jiǔ
  我不会喝酒
  (ter a obrigação de) o que devo fazer? wǒ gāi zěnme bàn?
  我该怎么办？
  você deve... -nǐ yīnggāi-...-
  你应该 ...
  você não deve... -nǐ bù yīnggāi-...
  你不应该 ...
  (ter dívida) quanto lhe devo? yígòng duōshao qián?
  一共多少钱？
devolver huán
  还
  pode devolver o meu dinheiro? qǐng bǎ qián huán gěi wǒ ba?
  请把钱还给我吧？
dezembro shí'èr yuè
  十二月
dia tiān 天
  o dia seguinte dì'èr tiān
  第二天
  o dia anterior qián yì tiān
  前一天
  todos os dias měitiān
  每天
  o dia todo zhěngtiān
  整天
  dentro de dois dias liǎng tiān nèi
  两天内
diabetes tángniàobìng rén
  糖尿病人
diamante zuànshí
  钻石
diariamente měi tiān
  每天
diarréia lā dùzi
  拉肚子
  tem algo para diarréia? nǐ yǒu zhì lā dùzi de yào ma?
  你有治拉肚子的药吗？
dicionário cídiǎn
  词典
dieta jìkǒu
  忌口
  estou de dieta wǒ zài jìkǒu
  我在忌口

tenho de seguir uma dieta especial wǒ děi chī guīdìng de yǐnshí
我得吃规定的饮食
diferença bùtóng 不同
qual é a diferença? yǒu shénme bùtóng?
有什么不同？
diferente bùtóng 不同
difícil nán 难,
kùnnan 困难
dificuldade kùnnan
困难
digitar (discar) bōhào
拨号
Dinamarca Dānmài
丹麦
dinamarquês Dānmài (de)
丹麦（的）
dinastia cháodài
朝代
dinheiro qián 钱
(vivo) xiànqián 现钱
direção fāngxiàng
方向
em que direção fica? zài něige fāngxiàng?
在哪个方向？
fica nesta direção? shì zhèige fāngxiàng ma?
是这个方向吗？
direita yòu(biānr)
右（边儿）
à direita zài yòubiānr
在右边儿

vire à direita wǎng yòu guǎi
往右拐
direto zhíjiē
直接
(vôo) zhífēi 直飞
há um trem direto? yǒu zhídá huǒchē ma?
有直达火车吗？
diretor zhǔrèn
主任
dirigir kāichē
开车
discoteca dísīkē
迪斯科
disquete (de computador) ruǎnpán 软盘
distância jùlí 距离
a distância zài yuǎnchù
在远处
distribuição (de correspondências etc.) sòngxìn
送信
divertir-se wánr de hěn kāixīn
玩儿得很开心
divirta-se zhù nǐ wánr de gāoxìng
祝你玩儿得高兴

diálogo

gostou do filme? nǐ juéde diànyǐng zěnme yàng?
eu me diverti muito; você se divertiu com ele? wǒ juéde hěn hǎo, nǐ ne?

dividir (partilhar) héyòng
合用

divorciado líhūn
离婚

dizer shuō 说
 como se diz... em chinês?
 yòng Zhōngwén zěnme
 shuō-...?
 用中文怎么说 ... ?
 ele disse tā shuō
 他说
 o que ele disse? tā shuō
 shénme?
 他说什么 ?
 poderia dizer de novo? qǐng
 zài shuō yíbiān?
 请再说一遍
 poderia dizer a ele...? qǐng
 nín gàosu tā-..., hǎo ma?
 请您告诉他 ... 好吗 ?

dobro duō yíbèi
多一倍

doce (adj) tián 甜
 (sobremesa) tiánshí
 甜食
 (subst) tiánpǐn
 甜品

documento wénjiàn
文件

doença jíbìng
疾病

doente (adoeceu) bìngle
病了
 (estar doente) yǒubìng
 有病

doer téng 疼
 dói muito zhēn téng
 真疼

diálogo

> onde dói? nǎr téng?
> bem aqui jiù zài zhèr
> dói agora? xiànzài hái
> téng ma?
> sim hái téng
> leve esta receita à
> farmácia ná zhèi gè
> yàofāng dào yàodiàn qù
> pèi yào

dolorido: está dolorido téng
疼

doloroso téng 疼

domingo xīngqītiān
星期天

dor téng 疼
 estou com dor aqui wǒ zhèr
 téng
 我这儿疼
 estou com dor nas costas wǒ
 hòubèi téng
 我后背疼

dor de cabeça tóuténg
头疼
 uma dor de cabeça forte tóu
 téng de lìhai
 头疼得利害

dor de dente yáténg
牙疼

dor de estômago wèiténg
胃疼
dor de garganta sǎngziténg
嗓子疼
dor de ouvido: estou com dor de ouvido wó ěrduo téng
我耳朵疼
dor nas costas bèitòng
背痛
dormir shuìjiào
睡觉
  você dormiu bem? nǐ shuì de hǎo ma?
你睡得好吗？
dourado jīnsè 金色
dragão lóng 龙
droga (narcóticos) dúpǐn
毒品
duplo shuāng 双
durante zài-... de shíhou
在 ... 的时候
duro (rijo) yìng 硬
duty-free (os produtos) miǎnshuì
免税
dúzia yì dá 一打
  meia dúzia bàn dá
半打

E

e hé 和
é* shì 是
echarpe wéijīn
围巾
edifício (prédio) fángzi
房子
  (de muitos andares) dàlóu
大楼
educado kèqi
客气
ei! hēi! 嘿
ela* tā 她
  ela está aqui? tā zài ma?
她在吗？
elástico (de escritório) xiàngpíjīnr
橡皮筋儿
ele* tā 他
  eles* tāmen
他们
eletricidade diàn 电
eletricista diàngōng
电工
elétrico diàn 电
elevador diàntī
电梯
em (no, na etc.): em chinês yòng Hànyǔ
用汉语
  em cinco minutos wǔ fēn zhōng (zhī) nèi
五分钟（之）内
  em dois dias liǎng tiān zhī hòu
两天之后
  em inglês yòng Yīngyǔ
用英语
  em Londres zài Lúndūn
在伦敦

em maio zài wǔyuè
在五月
fica nesta rua? zài-zhètiáolù ma?
在这条路吗？
fica no centro zài zhōngjiān
在中间
na casa de Li Zhen zài Lǐ Zhēn jiā
在李真家
na estação de trem zài huǒchē zhàn
在火车站
na praia zài-hǎitān shàng
在海滩上
na rua zài-lùshàng
在路上
na televisão zài diànshìshang
在电视上
no avião zài-fēijī shàng
在飞机上
no meu carro zài wǒde chē lǐ
在我的车里
no meu hotel zài wǒ zhú de fàndiàn
在我住的饭店
no sábado xīngqī liù
星期六
o Sr. Li está em casa? Lǐ xiānsheng zài ma?
李先生在吗？
e-mail diànzǐ yóujiàn
电子邮件
embaixada dàshǐguǎn
大使馆

embaixo xià 下
aqui embaixo jiù zài zhèr
就在这儿
ponha ali embaixo gē zài nàr
搁在那儿
lá embaixo, à direita jiù zài yòubian
就在右边
nesta rua, mais abaixo zài wǎng qián
再往前
embalagem: embalagem de comida pronta héfàn
盒饭
embora suīrán
虽然
embrulhar: poderia embrulhar isto? qǐng nín bāng wǒ bāo yíxia, hǎo ma?
请您帮我包一下好吗？
emergência jǐnjí qíngkuàng
紧急情况
saída de emergência ānquánmén
安全门
emocionante (dia) cìji
刺激
empresa gōngsī 公司
emprestar jiè 借
você me empresta seu...? qǐng ba nǐde... jiè gěi wǒ
请把你的 ... 借给我？
empurrar tuī 推
encanador guǎnzigōng
管子工

encantador kěài
可爱
encomenda bāoguǒ
包裹
encontrar zhǎodào
找到
 encontrei-o zhǎodàole
 找到了
 não consigo encontrá-lo wǒ zhǎobúdào
 我找不到
 onde me encontro com você? wǒ zài nǎr jiàn nǐ?
 我在哪儿见你？
endereço dìzhǐ
地址
 qual é seu endereço? nín zhù nǎr?
 您住哪儿？
enfermaria bìngfáng
病房
enfermeiro hùshi
护士
engraçado (divertido): foi engraçado hěn hǎo wánr
很好玩儿
enguiçar: enguiçado huàile
坏了
enjoar (de navio, barco): estou enjoado wǒ yūnchuánle
我晕船了
 eu enjôo sempre wǒ yūnchuán 我晕船
enorme dàjíle
大极了

enquanto: enquanto estou aqui wǒ zài zhèr de shíhou
我在这儿的时候
ensinar: poderia me ensinar? nín kěyi jiāojiao wǒ ma?
您可以教教我吗？
ensolarado: é ensolarado yángguāng chōngzú
阳光充足
então (naquele momento) nèi shíhou
那时候
 (depois) ránhòu
 然后
entender: eu entendo wǒ míngbai le
我明白了
entrada (de comida) lěngpánr
冷盘儿
 (o local) rùkǒuchù
 入口处
entrar jìn 进
 (em veículo) shàng chē
 上车
 entre, por favor qǐng jìn
 请进
entrega (de correspondências etc.) sòngxìn
送信
entregar (levar) sòng 送
envelope xìnfēng
信封
envelope aéreo hángkōng xìnfēng
航空信封

equipamento shèbèi
设备
(esportivo etc.) qìxiè
器械
equipe (grupo) tuántǐ
团体
era*: ele/ela era tā yǐqián shì
他／她以前是
isso era shì 是
errar: a conta está errada zhàngdānr cuòle
帐单儿错了
desculpe, disquei o número errado duìbuqǐ, dǎcuòle
对不起打错了
desculpe, errei de quarto duìbuqǐ, zhǎocuò fángjiān le
对不起找错房间了
este é o trem errado wǒmen shàngcuò huǒchēle
我们上错火车了
há algo errado com... -...-yǒu máobìng
… 有毛病
o que está errado? zěnmele?
怎么了？
erro cuò (wù)
错（误）
acho que há um erro zhèr yǒuge cuòr
这儿有个错儿
desculpe, cometi um erro duìbuqǐ, wǒ nòngcuòle
对不起我弄错了

erupção (de pele) pízhěn
皮疹
ervas (culinárias) zuóliào
作料
(medicinais) cǎoyào
草药
escada lóutī
楼梯
escalada páshān
爬山
escocês Sūgélán(de)
苏格兰 的
sou escocês wǒ shi Sūgélánrén
我是苏格兰人
Escócia Sūgélán
苏格兰
escola xuéxiào
学校
escolaridade xuéwèi
学位
escolher xuǎn 选
escova (em geral) shuāzi 刷
(para cabelos) shūzi
梳子
eu gostaria de cortar e fazer escova wǒ xiǎng lǐfà hé chuīfēng
我想理发和吹风
escova de dentes yáshuā
牙刷
escrever xiě 写
escritório bàngōngshì
办公室

escurecer: está escurecendo tiān hēile
天黑了

escuro (adj) àn 暗
(cor) shēnsè 深色

escutar tīng 听

esmalte de unhas zhǐjiā yóu
指甲油

espaço (área) kōngjiān
空间

Espanha Xībānyá
西班牙

espanhol Xībānyáde
西班牙的

espantoso méi xiǎngdào
没想到

especialmente tèbié
特别

espelho jìngzi
镜子

esperançosamente xīwàng rúcǐ 希望如此

esperar (aguardar) děng 等

espere por mim děngdeng wǒ
等等我

não espere por mim búyòng děng wǒ
不用等我

posso esperar até minha esposa chegar aqui? wǒ néng děngdào wǒ qīzi lái ma?
我能等到我妻子来吗？

pode fazer isso enquanto espero? shìbúshì lìděng kéqǔ?
是不是立等可取？

poderia me esperar aqui? qǐng zài zhèr děng hǎo ma?
请在这儿等好吗？

(ter esperança) xīwàng
希望

assim espero wǒ xīwàng shì zhèi yàng
我希望是这样

espero que não wǒ xīwàng bú shì zhèi yàng
我希望不是这样

espesso (grosso) hòu
厚

espetáculo (show) biáoyǎn
表演

espirro dǎ pēntì
打喷嚏

esporte yùndòng
运动

esposa qīzi
妻子

esquecer wàng
忘

eu esqueço, eu esqueci wǒ wàngle
我忘了

esquerda zuǒ
左

à esquerda zài zuǒbiānr
在左边儿

para a esquerda wǎng zuǒ
往左

vire à esquerda wǎng zuǒ guǎi
往左拐

esquina: perto da esquina jiējiǎor 街角儿
esse* nèige
那个
está bem hǎo 好
tudo bem? (saudação) ní hǎo ma?
你好吗？
estação de metrô dì tiě zhàn
地铁站
estação de ônibus interurbano chángtú qìchēzhàn
长途汽车站
estação de trem huǒchē zhàn
火车站
estacionamento tíngchēchǎng
停车场
estacionar tíngchē
停车
 posso estacionar aqui? wǒ néng zài zhèr tíngchē ma?
我能在这儿停车吗？
Estados Unidos Měiguó
美国
estátua sùxiàng
塑像
este, esta; isto* zhèige
这个
 este aqui zhèige
这个
 estes* zhèixie
这些
 esta é minha esposa zhè shì wǒ qīzi
这是我妻子

isto é...? zhèi shìbúshì-...?
这是不是 ... ？

diálogo

> é este aqui zhèr zhèi kē
> este? zhèi kē ma?
> não, aquele bù, shì nèi kē aqui? zhèr?
> sim duì

estilo chinês Zhōngshì
中式
estilo ocidental xīshì
西式
estômago wèi 胃
estrada lù 路
 esta é a estrada para...? zhèi tiáo lù wǎng... qù?
这条路往 ... 去？
estrada principal dàlù
大路
estragado (danificado) sǔnhuài le 损坏了
 desculpe, estraguei isto duìbùqǐ, wǒ bǎ zhèi ge nòng huài le
对不起我把这个弄坏了
estragar (danificar) sǔnhuài
损坏
estrangeiro wàiguó 外国
(pessoa) wàiguó rén 外国人
estranho (esquisito) qíguài 奇怪,
qíguài de 奇怪的

(alguém desconhecido)
shēngrén
生人

estreito (rua etc.) zhǎi 窄

estrela xīngxing
星星

estudante xuésheng
学生

estúpido bèn 笨

estupro qiángjiān
强奸

eu wǒ 我
 eu mesmo faço isso
 wǒ zìjǐ lái 我自己来

Europa Ōuzhōu
欧洲

europeu Ōuzhōu(de)
欧洲（的）

exame kǎoshì
考试

exatamente! duìjíle!
对极了
 exatamente aqui jiù zài zhèr
 就在这儿

exato zhǔnquè
准确

exausto lèisǐle
累死了

excelente hǎojíle
好极了

excesso de bagagem
chāozhòng xíngli
超重行李

exceto chúle-... yǐwài
除了 ... 以外

excursão lǚxíng
旅行
 há alguma excursão para...?
 yǒu méiyou wǎng-...-de
 lǚxíng?
 有没有往 ... 的旅行？

excursão de ônibus zuò
chángtú qìchē lǚxíng
坐长途汽车旅行

excursão de um dia yírìyóu
一日游

exemplo lìzi
例子
 por exemplo lìrú
 例如

exército jūnduì
军队

existe...? yǒu-...-ma?
有 ... 吗？

experiente yǒu jīngyàn
有经验

experimentar (provar) shì 试
 posso experimentar isto?
 kěyi shìyishì ma?
 可以试一试吗？

explicar jiěshì
解释
 pode explicar isso? nǐ néng
 jiěshì yíxià ma?
 你能解释一下吗？

exposição (de quadros etc.)
zhǎnlǎn 展览
(feira etc.) jiāoyì huì 交易会

expresso(a) (correspondência)
kuàidì 快递

(trem) kuàichē
快车
exterior: no exterior guówài
国外
extintor de incêndio mièhuǒqì
灭火器
extorsivo: preços extorsivos qiāozhúgàng de jiàr
敲竹杠的价儿
extrair qǔ 取
extremamente fēicháng
非常
Extremo Oriente Yuǎndōng
远东

F

fábrica gōngchǎng
工厂
faca dāozi
刀子
fácil róngyì
容易
faculdade xuéyuàn
学院
Fahrenheit huáshì
华氏
faixa de pedestre rénxíng héngdào
人行横道
falar shuōhuà
说话
 eu não falo... -wǒ búhuì jiǎng-... 我不会讲 ...

posso falar com...? (pessoalmente) máfan nín zhǎo yíxia... hǎo ma?
 麻烦您找一下 ... 好吗？
você fala inglês? nín huì jiǎng Yīngyǔ ma?
您会讲英语吗？

diálogo

posso falar com o Sr. Wang? Wáng xiānsheng zàibúzài?
quem fala? nǐ shì nǎwéi?
é a Patrícia wǒ shì Patricia
sinto muito, ele não está, quer deixar recado? duìbuqǐ, tā búzài, yàobúyào liú gèxìn?
não, obrigada, eu ligo mais tarde xièxie, guò yìhuìr wǒ zài dǎ
por favor, diga-lhe que eu liguei qǐng gàosu tā wǒ dǎ le diànhuà

falsificação màopái
 冒牌
falso jiǎ 假
falta de luz tíngdiàn 停电
faltar: falta a minha... wǒde... diūle 我的 ... 丢了
 falta uma mala yíge yīxiāng diūle
 一个衣箱丢了

família jiātíng
家庭
famoso yǒumíng
有名
fantástico (excelente) bàngjíle 棒极了, tàihǎole 太好了
farmácia yàodiàn 药店, yàofáng 药房
fava cándòu
蚕豆
favorito zuì xǐhuan de
最喜欢的
fax chuánzhēn 传真
  mandar um fax fā chuánzhēn 发传真
fazenda (propriedade rural) nóngchǎng 农场
fazer* (executar uma ação) zuò 作, 做
  o que vamos fazer? nǐ xiǎng zuò shénme?
你想做什么？
  como se faz isso? gāi zěnme zuò?
该怎么做？
  você faria isso para mim? máfan nǐ bāng wǒ zuò yíxià, hǎo ma?
麻烦你帮我做一下好吗？
  você fará isto para mim? qǐng gěi wǒ zuò yíxià?
请给我作一下？
  (produzir) zhìzào 制造

do que isto é feito? zhè shì yòng shénme zào de?
这是用什么造的？

diálogos

como vai? nín hǎo?
prazer em conhecê-lo jiàn dào nín zhēn gāoxìng
o que você faz? (trabalho) nǐ shì zuò shénme gōngzuò de?
sou professor, e você? wǒ shì jiàoshī, nǐ ne?
sou estudante wǒ shì xuésheng
o que vai fazer esta noite? nǐ jīnwǎn zuò shénme?
vamos sair para tomar alguma coisa, quer vir conosco? wǒmen chū qù hē jiǔ, nǐ xiǎng gēn wǒmen yí kuàir qù ma?

quer mais arroz? nǐ hái yào fàn, ma?
quero, mas ela não wǒ yào, tā bú yào

fazer inscrição (registro ou matrícula) dēngjì 登记
onde temos de fazer a inscrição? wǒmen yào zài nǎr dēngjì?
我们要在哪儿登记？

febre fāshāo
发烧

febre do feno huāfěnrè
花粉热

febril fāshāo
发烧

fechado (tempo nublado) yīntiān
阴天
(porta, loja etc.) guānménle
关门了

fechar guān
关

a que horas vocês fecham?
nǐmen jídiǎn guānménr?
你们几点关门儿？

eles estão fechados
guānménr le
关门儿了

quando fecha? jídiǎn
guānménr?
几点关门儿？

diálogo

a que horas vocês fecham? nǐmen shénme shíhou guān mén?

fechamos às 20h durante a semana e às 18h aos sábados zhōurì xiàwǔ bā diǎn, xīngqī liù xiàwǔ liù diǎn

fecham para o almoço? chī wǔfàn de shíhou guān mén ma?

sim, entre as 13h e as 15h30 shì de, cóng yī diǎn dào sān diǎn bàn yě guān mén

feijão dòu 豆
feijão novo jiāngdòu
豇豆

feio nánkàn
难看

feliz kuàilè
快乐

não estou feliz com isso wǒ duì zhèige bù mǎnyì
我对这个不满意

felizmente xìngkuī
幸亏

feriado gōngjià 公假,
jiàqī 假期

férias jiàqī 假期
em férias xiūjià 休假,
dùjià 度假

ferido shòushāng
受伤

ela foi ferida tā shòushāng le
她受伤了

ferro de passar yùndǒu
熨斗

pode passar estas roupas para mim? qǐng nǐ bāng wǒ yùnyùn zhè xiē yīfu, hǎo ma?
请你帮我熨熨
这些衣服好吗？

ferrovia tiělù
铁路

ferryboat (balsa) bǎidù 摆渡,
lúndù 轮渡,
kèchuán 客船
festa wǎnhuì
晚会
festival jiérì
节日
fevereiro èryuè
二月
ficar: eu gostaria de ficar mais duas noites wǒ xiǎng zài zhù liǎng tiān
我想再住两天
onde você vai ficar? nǐmen zhù zài nǎr?
你们住在哪儿？
vou ficar no... -wǒ zhù zài-...-
我住在 ...
ficar com (guardar) liú 留
fique com o troco búyòng zhǎo le 不用找了
por favor, fique com isso qǐng liúzhe ba
请留着吧
posso ficar com isso? wǒ kěyi liúzhe ma?
我可以留着吗？
fígado gān 肝
fila duì 队
filha nǚ'ér
女儿
filho érzi
儿子
Filipinas Fēilùbīn
菲律宾

filmadora shèxiàngjī
摄相机
filme (de cinema) diànyǐng
电影
(para câmera) jiāojuǎnr
胶卷儿

diálogo

você tem este tipo de filme? nǐ yǒu zhèi zhǒng jiāojuǎnr ma?

sim, de quantas poses? yǒu, nǐ yào duōshao zhāng de?

36 sān shí liù zhāng (de)

filme colorido cǎisè jiāojuǎnr
彩色胶卷儿
fim mòduān
末端
no fim zuìhòu
最后
no fim da rua zhèi tiáo jiē de jìntóu 这条街的尽头
no fim da estrada lù de jìntóu
路的尽头
fim de semana zhōumò
周末
no fim de semana zhōumò
周末
fino (estreito) xì 细
fio xiàn 线
fita adesiva tòumíng jiāobù
透明胶布

fita cassete cídài
磁带
flash (de câmera) shǎnguāngdēng
闪光灯
flor huā
花
floresta sēnlín
森林
floricultura huādiàn
花店
fluente: ele fala chinês fluentemente tā Hànyǔ jiǎngde hěn liúlì
他汉语讲得很流利
fogão lúzào
炉灶
fogo huǒ 火
  fogo! zháohuǒle!
  着火了
  você tem fogo? (para cigarro) nǐ yǒu huǒ ma?
  你有火吗？
fogueira: podemos acender uma fogueira aqui? zhèr néng diǎn huǒ ma?
这儿能点火吗？
folgado (solto) sōng 松
folha chinesa báicài
白菜
fome è 饿
  você está com fome? nǐ èle ma?
  你饿了吗？
fonte pēnquán
喷泉

fora: ele está fora (saiu) tā chūqule
他出去了
três quilômetros fora da cidade lí shìqū sān gōnglǐ
离市区三公里
formal (roupa) zhèngshì
正式
formulário biǎo 表
forno kǎoxiāng
烤箱
forte (bebida, sabor) nóng 浓
  (material) jiēshi
  结实
  (pessoa) qiángzhuàng
  强壮
fósforos huǒchái
火柴
fotografia zhàopiàn
照片
  por favor, poderia tirar uma foto de nós? qǐng gěi wǒ zhàozhāng xiàng?
  请给我照张相？
fraco (pessoa) ruò 弱
  (bebida) dàn 淡
fralda niàobù
尿布
fraldas descartáveis (yícìxìng) niàobù
（一次性）尿布
França Fǎguó
法国
francês (adj) Fǎguó(de)
法国（的）

(idioma) Fáyǔ
法语
frango (carne) jīròu
鸡肉
fratura gǔzhé
骨折
frente qiánmian
前面
em frente, na frente zài qián-bianr 在前边儿
em frente ao hotel zài fàndiàn qiánmian
在饭店前面
na frente do meu hotel zài wǒ fàndiàn duìmianr
在我饭店对面儿
o bar em frente zài duìmianr de jiǔba
在对面儿的酒吧
sempre em frente yìzhí cháoqián
一直朝前
frequência: com que frequên-cia há ônibus para a Cidade Proibida? dào Gùgōng qù de gōnggòng qìchē duōcháng shíjian kāi yì bān?
到故宫去的公共汽车多长时间开一班？
qual a frequência dos ôni-bus? yíge zhōngtóu duōshao qìchē?
一个钟头多少汽车？
frequente jīngcháng
经常

não muito frequente bù jīngcháng
不经常
fresco (clima) liángkuai 凉快, qīngxīn 清新
(frutas etc.) xiān 鲜
frio lěng 冷
estou com frio wǒ juéde hěn lěng
我觉得很冷
frito zháde 炸
fronha (de travesseiro) zhěntào
枕套
fronteira biānjiè
边界
região de fronteira biānjìng
边境
fruta shuǐguǒ
水果
frutos-do-mar hǎiwèi
海味
fumaça yān
烟
fumar: você se importa se eu fumar? wǒ kěyi zài zhèr chōu yān ma?
我可以在这儿抽烟吗？
eu não fumo wǒ bú huì chōu yān 我不会抽烟
você fuma? nǐ chōu yān ma?
你抽烟吗？
funcionar: não funciona huàile 坏了
fundamental zhòngyào
重要

é fundamental que... ... shì juéduì bìyào de
... 是决对必要的
fundo shēn 深
funeral zànglǐ
葬礼
furo pǎoqì
跑气
futebol zúqiúsài
足球赛
futuro jiānglái
将来
 no futuro jiānglái
 将来

G

galeria de arte měishùguǎn
美术馆
Gales Wēiěrshì
威尔士
galês Wēi'ěrshì
威尔士
 sou galês wǒ shì Wēi'ěrshìrén
 我是威尔士人
ganancioso tānxīn
贪心
ganso é 鹅
garagem chēkù
车库
garantia bǎozhèng
保证
 tem garantia? bǎo bù bǎoxiū?
 保不保修？

garçom/garçonete fúwùyuán
服务员
garçom!/garçonete! fúwùyuán!
服务员
garfo chā 叉
Garganta do (rio) Yangtze Chángjiāng sānxiá
长江三峡
garganta (desfiladeiro) xiá 峡
(parte do corpo) sǎngzi
嗓子
pastilhas para garganta rùnhóu piàn
润喉片
garrafa píngzi
瓶子
 uma garrafa de cerveja yì píng píjiǔ
 一瓶啤酒
garrafa térmica rèshuǐpíng
热水瓶
gás méiqì
煤气
gasolina qìyóu
气油
gasoso yǒuqìde
有气的
gastar huāfèi
花费
gato māo 猫
gaveta chōuti
抽屉
gay (homossexual) tóngxìngliàn
同性恋

geladeira bīngxiāng
冰箱
geléia guǒjiàng
果酱
gelo bīng 冰
  com gelo jiā bīngkuàir
加冰块儿
  sem gelo, obrigado(a) bù jiā bīngkuàir, xièxie
不加冰块儿谢谢
gengibre shēngjiāng
生姜
gengiva chǐyín
齿龈
genro nǚxu
女婿
geral yì bān
一般
gerente jīnglǐ
经理
  posso falar com o gerente? kěyi jiànjian jīnglǐ ma?
可以见见经理吗？
ginásio (academia) tǐyùguǎn
体育馆
gola (de roupa) yīlǐng
衣领
gordo pàng 胖
gordura féiròu
肥肉
gorduroso (comida etc.) yóunì
油腻
gorjeta xiǎo fèi
小费

gostar xǐhuan
喜欢
gostaria de beber algo? nǐ xiǎng hē diǎnr shénme ma?
你想喝点儿什么吗？
gostaria de caminhar um pouco? nǐ xiǎng bu xiǎng qù zǒuyizǒu?
你想不想去走一走？
gostaria de nadar wǒ xiǎng qù yóuyǒng
我想去游泳
gostaria de tomar uma cerveja wǒ xiǎng hē yìpíng píjiǔ
我想喝一瓶啤酒
gosto de você wǒ xǐhuan nǐ
我喜欢你
gosto disso wǒ xǐhuan
我喜欢
não gosto disso wǒ bù xǐhuan
我不喜欢
você gosta de...? nǐ xǐhuan-... ma?
你喜欢 ... 吗？
gosto (sabor) wèir
味儿
governo zhèngfǔ
政府
Grã-Bretanha Yīngguó
英国
gradualmente jiànjiàn de
渐渐地
grama (medida) kè 克
  (planta) cǎo 草

gramática yǔfǎ
语法
grande dà 大
 muito grande tài dà le
 太大了
 não é bastante grande
 búgòu dà 不够大
 um grande sucesso jùdà chéngjiù
 巨大成就
Grande Muralha da China Chángchéng
 长城
grapefruit pútáoyòu
葡萄柚
grátis miǎn fèi
免费
 é grátis? miǎn fèi de ma?
 免费的吗？
gravador de fita lùyīnjī
录音机
gravata lǐngdài
领带
grave (problema, doença) yánzhòng(de)
严重（的）
grávida huáiyùn
怀孕
graxa (de sapatos) xiéyóu
鞋油
grelhado kǎo 烤
grife (marca) pái 牌
gripe liúgǎn
流感
gritar hǎn 喊

grosseiro (malcriado) bù lǐmào
不礼貌
grosso (espesso) hòu
厚
grupo (de turistas etc.) cānguāntuán
参观团
 (de estudo, trabalho etc.) xiǎozǔ
 小组
guarda-chuva yǔsǎn
雨伞
guardanapo cānjīn
餐巾
guarda-volumes xíngli jìcúnchù
行李寄存处
guia de conversação duìhuà shǒucè
对话手册
guia turístico (pessoa) dǎoyóu
导游
 (livro, manual) dǎoyóu shǒucè
 导游手册
guitarra jítā
吉他
guloso chán
馋

H

há...-yǒu-...
有 ...
hambúrguer hànbǎobāo
汉堡包

helicóptero zhíshēng fēijī
直升飞机
hepatite gānyán
肝炎
hipertensão gāo xuèyā
高血压
hoje jīntian
今天
holandês Hélán
荷兰
homem nánrén 男人
(plural) nánde 男的
homossexual tóngxìngliàn
同性恋
honesto chéngshí
诚实
Hong Kong Xiānggǎng
香港
hora* xiǎoshí
小时
horas diǎnzhōng
点钟
que horas são? jǐdiǎn le?
几点了？
horário (de funcionamento) yíngyè shíjiān
营业时间
(de trem) lièchē shíkè biǎo
列车时刻表
horrível kěpà
可怕
hospedar: estou hospedado na casa de... -wǒ gēn-...-zhù zài yìqǐ
我跟 ... 住在一起

hospedaria bīnguǎn
宾馆
hóspede kèrén
客人
hospital yīyuàn
医院
hospitalidade hàokè
好客
obrigado por sua hospitalidade xièxie nínde shèngqíng kuǎndài
谢谢您的盛情款待
hotel (pequeno) lǚguǎn
旅馆
(de luxo) fàndiàn
饭店

I

iate (de vela) fānchuán
帆船
ida: um bilhete de ida para.. .-yìzhāng qù-...-de dānchéngpiào
一张去 ... 的单程票
um bilhete de ida e volta para... dào-... de láihui piào
到 ... 的来回票
idade niánjì
年纪
idéia zhǔyi
主意
ideograma (na escrita chinesa) zì 字

idioma yǔyán
语言
idiota shǎguā
傻瓜
igreja jiàotáng
教堂
igual: igual a este gēn zhèige yíyàng
跟这个一样
ilha dǎo 岛
imediatamente mǎshàng
马上
imitação (de couro etc.) fǎng
仿
imperador huángdì
皇帝
imperatriz huánghòu
皇后
impermeável fángshuǐ
防水
importância: isso não tem importância
bù zhíde
不值得
importante zhòngyào
重要
é muito importante hěn zhòngyào
很重要
não é importante bú zhòngyào
不重要
importar (interessar): não importa méi guānxi
没关系

diálogo

você se importa se eu abrir a janela? wǒ kāi chuāng, xíngbùxíng?
não, não me importo xíng

impossível bù kěnéng
不可能
impressionante (prédio, vista) xióngwěi 雄伟
impressos yìnshuāpǐn
印刷品
imundo zāng 脏
incêndio huǒzāi
火灾
inchado zhǒng
肿
incluir bāokuò
包括
isso inclui as refeições? zhè bāokuò fàn qián ma?
这包括饭钱吗？
isso está incluído no preço? nèige yě bāokuò zài nèi ma?
那个也包括在内吗？
incomodar: desculpe incomodá-lo duìbuqǐ dǎjiǎo nín le
对不起打搅您了
incomum bù chángjiàn(de)
不常见（的）
inconveniente bù fāngbiàn
不方便
Índia Yìndù
印度

indiano Yìndù
印度
indigestão xiāohuà bù liáng
消化不良
indisposição de estômago wèi bù shūfu
胃不舒服
Indonésia Yìndùníxīyà
印度尼西亚
infarto xīnzàngbìng
心脏病
infecção gǎnrǎn
感染
infeccioso chuánrǎn
传染
inflamação fāyán
发炎
informação xiāoxi 消息
 você tem alguma informação sobre...? nǐ yǒu guānyú... de xiāoxi ma?
 你有关于 ... 的消息吗？
informal (roupas) suíbiàn
随便
 (ocasião) fēi zhèngshì 非正式
Inglaterra Yīngguó
英国
inglês (adj) Yīngguó(de)
英国（的）
 (idioma) Yīngyǔ 英语
 sou inglês wǒ shì Yīngguó rén 我是英国人
 você fala inglês? ni huìbuhuì shuō Yīngyǔ?
 你会不会说英语？

íngreme dǒu 陡
iniciante chūxuézhě
初学者
início: no início qǐchū
起初
injeção dǎzhēn
打针
inocente (de acusação) wúgū
无辜
inseto kūnchóng 昆虫
insistir: eu insisto wǒ jiānchí
我坚持
insolação zhòngshǔ
中暑
instante: volto num instante jiù yìfēn zhōng
就一分钟
insulina yídǎosù
胰岛素
inteligente cōngming
聪明
intenso (dor) yínyǐn zuòtòng
隐隐作痛
interessante yǒu yìsi
有意思
 isso é muito interessante hěn yǒu yìsi
 很有意思
interessar-se: eu me interesso por... wǒ duì-... hěn gǎn xìngqù
我对 ... 很感兴趣
 eu não me interesso por... wǒ duì... bù gǎn xìngqù
 我对 ... 不感兴趣

internacional guójì
国际

internet guójì wǎngluò
国际网罗

intérprete fānyì
翻译

interruptor kāiguān
开关

interurbano chángtú qìchē
长途汽车

intervalo (de teatro) mùjiān xiūxi
幕间休息

intoxicação alimentar shíwù zhòngdú
食物中毒

inundação hóngshuǐ
洪水

inverno dōngtian
冬天

no inverno dōngtian
冬天

iogurte suānnǎi
酸奶

ir qù 去

aonde ele foi? tā dào nǎr qù le?
他到哪儿去了？

aonde você vai? nǐ qù nǎr?
你去哪儿？

ela foi embora tā yǐjing zǒule
她已经走了

fui lá na semana passada wǒ shì shàng xīngqī qù nàr de
我是上星期去那儿的

gostaríamos de ir ao Palácio de Verão wǒmen xiǎng qù Yíhéyuán
我们想去颐和园

para onde vai este ônibus? zhèi liàng chē qù nǎr?
这辆车去哪儿？

vamos! wǒmen zǒu ba!
我们走吧

ir de volta huíqu
回去

ir embora líkāi
离开

vá embora! zǒu kāi!
走开

Irlanda Ài'ěrlán
爱尔兰

Irlanda do Norte Běi Ài'ěrlán
北爱尔兰

irlandês Ài'ěrlán(de)
爱尔兰（的）

sou irlandês wǒ shì Ài'ěrlán rén
我是爱尔兰人

irmã (mais velha) jiějie
姐姐
(mais nova) mèimei
妹妹

irmão xiōngdì
兄弟
(mais velho) gēge
哥哥
(mais novo) dìdi
弟弟

isqueiro dǎhuǒjī
打火机

isso tā 它
é isso aí duìle 对了
isso é...? shì-... ma?
是 … 吗？
isso é..., isso foi... shì-...
是 …
onde é? zài nǎr? 在哪儿？
Itália Yìdàlì
意大利
italiano Yìdàlì (de)
意大利（的）

J

já (passado longínquo) céngjīng
曾经
(passado recente) yǐjing
已经

diálogos

> você já esteve na Grande Muralha? nǐ qùguo Chángchéng ma?
> sim, estive lá há dois anos qùguo, liǎng nián qián qùguo

> já está aqui? hái láile méiyou?
> não, ainda não hái méilái
> você ainda terá de esperar um pouco mais nǐ hái yào děng yídiǎnr

jade yù 玉
janeiro yīyuè
一月
janela chuānghu
窗户
perto da janela kào chuānghu
靠窗户
jantar (refeição noturna) wǎnfàn
晚饭
(verbo) chī wǎnfàn
吃晚饭
Japão Rìběn
日本
jaqueta (roupa) jiākè
茄克
jardim huāyuán
花园
jardim zoológico dòngwùyuán
动物园
jarra guàn 罐, guànzi
罐子
uma jarra de água yí guàn shuǐ
一罐儿水
jazz juéshì yuè
爵士乐
jeans niúzǎikù
牛仔裤
jeito: de jeito nenhum!
(é impossível) bù kěnéng!
不可能
de jeito nenhum! (é proibido) bù xíng!
不行

joalheria zhūbǎo (shāng)diàn
珠宝（商）店
joelho xīgài
膝盖
jogar fora rēng
扔
jogging pǎobù
跑步
  fazer jogging qù pǎobù
  去跑步
jogo (de cartas etc.) yóuxì
游戏
  (partida) bǐsài
  比赛
jóias zhūbǎo
珠宝
jornal bào(zhǐ)
报（纸）
jovem niánqīng
年轻
judeu Yóutàirén de
犹太人的
julho qīyuè
七月
junho liùyuè
六月
junto yìqǐ
一起
  estamos juntos (em loja etc.)
  wǒmen shì yíkuàir de
  我们是一块儿的
justo (apertado: roupas etc.)
xiǎo 小
  (imparcial) gōngpíng
  公平

K

kit de primeiros socorros
jíjiùxiāng
急救箱

L

lá nàr
那儿
lã yángmáo
羊毛
lábios zuǐchún
嘴唇
lado: ao lado da... (rua etc.)
lí... bùyuǎn
离...不远
  ao lado de... zài-... pángbiān
  在...旁边
  ao lado da janela zài
  chuānghu pángbiān
  在窗户旁边
  do outro lado da rua zài jiē
  duìmian 在街对面,
  zài mǎlù duìmiànr
  在马路对面儿
lado de fora* wàimian
外面
  **podemos nos sentar do lado
  de fora?** wǒmen kěyi dào
  wàimian qù zuò ma?
  我们可以到外
  面去坐吗？
ladrão zéi 贼

lago hú 湖
lagosta lóngxiā
龙虾
lâminas de barbear tìxú dāopiàn
剃须刀片
lâmpada dēng 灯, dēngpào 灯泡
  preciso de uma lâmpada nova wǒ xūyào yíge xīn dēngpào
  我需要一个新灯泡
lanchinho diǎnxīn
点心
lanterna shǒudiàntǒng
手电筒
Laos Lǎowō
老挝
lápis qiānbǐ
铅笔
laranja (fruta) júzi
橘子
  (cor) júhuángsè
  橘黄色
laranjada júzishuǐr
橘子水儿
largo kuān de
宽的
lata guàntou
罐头
  uma lata de cerveja yí guànr píjiǔ
  一罐儿啤酒
lata de gasolina yóutǒng
油桶

lata de lixo lājīxiāng
垃圾箱
lavanderia xǐyīdiàn
洗衣店
lavar xǐ 洗
  pode lavar isto? qǐng xǐxi zhèixie, hǎo ma?
  请洗洗这些好吗？
lavatório (pia) liǎnpén
脸盆
laxante xièyào
泄药
lei fǎlǜ
法律
leite niúnǎi
牛奶
leito macio (em trem) ruǎnwò
软卧
leito rijo (em trem) yìngwò
硬卧
lembrar: eu lembro wǒ jìdé
我记得
  eu não lembro wǒ jìbudé le
  我记不得了
  você lembra? nǐ jìde ma?
  你记得吗？
lenço shǒujuànr
手绢儿
lenço de cabeça tóujīn
头巾
lenço de papel zhǐjīn
纸巾
lençol bèidān
被单
lentes de contato yǐnxíng

yǎnjìng
隐型眼镜
lento màn 慢
leque shànzi
扇子
ler (livro) kànshū
看书
(jornal) kànbào
看报
leste dōng 东
  no leste dōngbiān 东边
  levantar-se (de manhã) qǐchuáng
起床
  ele ainda não se levantou
tā hái méi qǐlai
他还没起来
levar ná 拿
(alguém a algum lugar) lǐng 领
(algo a algum lugar) dài 带
  esta estrada nos leva até onde? zhè tiáo lù tōng nǎr qù?
这条路通哪儿去？
  leva três horas yào sānge zhōngtóu
要三个钟头
  pode me levar até o...? qǐng dài wǒ dào-...?
请带我到 … ?
  posso levar isto? (folheto etc.) kěyi ná ma?
可以拿吗？
  quanto tempo leva? yào duōcháng shíjiān?
要多长时间？

tudo bem, levo este hǎo, xíngle 好行了
leve qīng 轻
libra (moeda) yīngbàng
英镑
(peso) bàng
磅
lição kè 课
lichia lìzhī
荔枝
ligar (acender) kāi 开
(pôr em funcionamento): **pode ligar o aquecimento?** qǐng ba nuǎnqì dǎkāi yíxià?
请把暖器打开一下？
(telefonar) dǎ diànhuà
打电话
  ligar de volta zài dǎ diànhuà
再打电话
  eu ligo para você wǒ géi ní dǎ diànhuà
我给你打电话
  por favor, ligue para mim amanhã às 7h30 qǐng míngtian zǎoshàng qī diǎn bàn gěi wǒ dǎ diànhuà
请明天早上七点半给我打电话
  por favor, peça a ele que me ligue qǐng tā dǎ diànhuà gěi wǒ
请他打电话给我
  volto a ligar mais tarde wǒ guò yì huìr zài dǎ lái
我过一会儿再打来

limão níngméng
柠檬
limonada níngméng qìshuǐr
柠檬汽水儿
limpar: pode limpar isto para mim? nǐ néng tì wǒ xǐyixǐ, ma?
你能替我洗一洗吗？
limpo gānjìng
干净
língua (idioma) yǔyán 语言
(parte do corpo) shétou 舌头
linha (telefônica) xiàn 线
poderia me dar uma linha para fora? qǐng gěi wǒ wài-xiàn, hǎo ma?
请给我外线好吗？
litoral hǎibīn
海滨
litro shēng 升
livraria shūdiàn
书店
livre zìyóu
自由
livro shū 书
lixo lājī
垃圾
local dìfāngde
地方的
loção xūhòushuǐ
须后水
loção de bronzear fángshài jì
防晒剂
logo (após algum tempo) yìhuǐr
一会儿

(rapidamente) kuài 快
volto logo wǒ yìhuǐr jiù huílai
我一会儿就回来
logo que possível yuè kuài yuè hǎo
越快越好
loiro jīnhuángsè
金黄色
loja shāngdiàn
商店
Loja da Amizade yǒuyì shāngdiàn
友谊商店
loja de artesanato gōngyìpǐn shāngdiàn
工艺品商店
loja de comida (mercearia) shípǐn diàn
食品店
loja de departamentos bǎihuò dàlóu
百货大楼
loja de duty-free miǎnshuì shāngdiàn
免税商店
loja de ferragens wǔjīn (shāng) diàn
五金（商）店
loja de presentes lǐwù shāngdiàn
礼物商店
Londres Lúndūn
伦敦
longe yuǎn
远

fica longe? yuǎn ma?
远吗？

diálogo

é longe daqui? lí zhèr yuǎn ma?
não, não é muito longe bú tài yuǎn
bem, é longe quanto? duō yuǎn ne?
aproximadamente 20 quilômetros èr shí gōnglǐ zuǒyòu

lotado (apinhado) yōngjǐ
拥挤
louça cānjù
餐具
louco fēng 疯
lua yuèliang
月亮
lua-de-mel mìyuè
蜜月
lugar dìfāng 地方
(assento) zuòwei
座位
lugar na janela kào chuāng de zuòwei
靠窗的座位
este lugar está ocupado? yǒu rén ma?
有人吗？
luvas shǒutào
手套

luxo (conforto etc.) gāojí
高级
(extravagância) shēchǐ
奢侈
luxuoso háohuá
豪华
luz dēng 灯
a luz não estava acesa dēng méi kāi
灯没开
luz do sol yángguāng
阳光

M

maçã píngguǒ
苹果
macarrão talharim frito chǎomiàn
炒面
macio ruǎn 软
maço: um maço de cigarros yìbāo yān
一包烟
madeira mùtou
木头
madura (fruta) shú
熟
mãe mǔqīn
母亲
magro shòu
瘦
maio wǔyuè
五月

maiô (roupa de banho) yóuyǒngyī
游泳衣

maior: a maior parte do tempo dàbùfen shíjiān
大部分时间

maioria: a maioria dos turistas dà duōshù lǚyóuzhe
大多数旅游者

mais* gèng duō
更多

este é o que mais me agrada wǒ zuì xǐhuān zhèige
我最喜欢这个

pode me servir um pouco mais de água, por favor? qǐng zài lái diǎnr shuǐ?
请再来点儿水？

mais caro gèng guì
更贵

mais de 50/100 wǔshí/yìbǎi duō
五十／一百多

mais de 500 wǔbǎi duō
五百多

mais de um bǐ nèige duō
比那个多

mais interessante do que... bǐ... gèng yǒu xìngqù
比…更有兴趣

mais para cá zài zhèr
在这儿

mais para lá zài nàr
在那儿

mais tarde hòulái
后来

volto mais tarde wǒ guò yīhuǐr zài lái
我过一会儿再来

até mais tarde huítóujiàn
回头见

mais um yòu yíge
又一个

pode nos servir mais um? qǐng zài lái yíge?
请再来一个？

muito mais duōde duō
多得多

vocês cobram a mais por isto? hái yào qián ma?
还要钱吗？

diálogo

quer algo mais? nǐ hái yào diǎnr shénme ma?
não, nada mais para mim, obrigado(a) búyào, xièxie
e você? nǐ ne?
não quero mais nada, obrigado(a) wǒ bú zàiyàole, xièxie

mala shǒutíxiāng
手提箱

mala de mão shǒutíbāo
手提包

Malásia Mǎláixīyà
马来西亚

malcriado (grosseiro) bù lǐmào
不礼貌
mal-entendido wùhuì
误会
maleta (pasta) gōngwénbāo
公文包
malpassada (carne) nèn
diǎnr 嫩点儿,
bànshēng de 半生的,
bàn shēng bù shú
半生不熟
mamadeira nǎipíng
奶瓶
mamãe māma
妈妈
mandar sòng 送
(pelo correio) jì 寄
 quero mandar isto para a
 Inglaterra wǒ xiǎng ba zhèige
 jì dào Yīngguó qù
 我想把这个寄到英国去
mandarim Pǔtōnghuà
普通话
mandiopã® de camarão
 xiābǐng
 虾饼
manga (de roupa) xiùzi
袖子
manhã zǎoshang
早上
 às sete horas da manhã
 shàngwǔ qī diǎn
 上午七点
 de manhã zǎoshang
 早上

 esta manhã jīntiān zǎoshang
 今天早上
manteiga huángyóu
黄油
manual de uso shuōmíng shū
说明书
mão shǒu
手
 vamos apertar as mãos
 wǒmen wòwo shǒu ba
 我们握握手吧
mapa dìtú
地图
 mapa de ruas jiāotōngtú
 交通图
maquiagem huàzhuāngpǐn
化妆品
máquina jīqì
机器
 máquina de lavar roupa xǐyījī
 洗衣机
mar hǎi 海
 à beira-mar zài hǎibiānr
 在海边儿
 mar Amarelo Huánghǎi
 黄海
 mar da China Meridional
 Nánhǎi
 南海
 mar da China Oriental Dōng
 Hǎi
 东海
maravilhoso hǎojíle
好极了
marca (grife) pái 牌

marcar: vamos marcar para a próxima segunda-feira zánmen xiàge xīngqīyī jiànmiàn
咱们下个星期一见面
março sānyuè
三月
margarina rénzào huángyóu
人造黄油
margem (em mar, lago) àn àn
岸
marido zhàngfu
丈夫
marisco bèilèi
贝类
marrom zōngsè
棕色
mas kěshi
可是
matar shā 杀
mau (ruim) huài 坏
(para fatos) zāotòule
糟透了
maxilar xiàba
下巴
medicina (ocidental) xīyào
西药
(chinesa) zhōngyào
中药
médico yīshēng
医生
por favor, chame um médico qǐng nǐ jiào ge yīshēng
请你叫个医生
médio zhōngděng
中等

(regular) yìbān
一般
em média píngjūn
平均
tamanho médio zhōnghào
中号
meia (curta, peça de vestuário) duǎnwà
短袜
(longa, peça de vestuário) chángtǒngwà
长统袜
meia-calça liánkùwà
连裤袜
meia dúzia bàn dá
半打
meia-noite bànyè
半夜
à meia-noite bànyè
半夜
meio(a)* (metade) bàn 半
meia hora bàn xiǎoshí
半小时
meio litro bàn shēng
半升
meia pensão bàn shísù
半食宿
meia garrafa bàn píng
半瓶
meia tarifa bànfèi
半费
no meio zài zhōngjiān
在中间
no meio da noite yèli
夜里

o do meio zhōngjiānde
中间的
estar no meio de... e de...
zài-... zhī jiān
在 ... 之间
estar no meio de zài-... zhī zhōng
在 ... 之中
meio-dia zhōngwǔ
中午
ao meio-dia zhōngwǔ
中午
mel fēngmì
蜂蜜
melancia xīguā
西瓜
melão guā
瓜
melhor: ainda melhor gèng hǎo
更好
está se sentindo melhor?
hǎo diǎnr le ma?
好点儿了吗？
o melhor zuìhǎo
最好
um pouco melhor hǎo yì diǎnr
好一点儿
melhorar tígāo
提高
quero melhorar o meu chinês
wǒ xiǎng tígāo wǒde Hànyǔ shuǐpíng
我想提高我的汉语水平

mencionar shuōdào
说到
menina nǚ háir
女孩儿
menino nánhái
男孩
menos shǎo 少
menos de... zài-... yǐxià
在 ... 以下
... shǎoyú-... ... 少于
menos do que... bǐ... shǎo
比 ... 少
menos caro do que... bǐ... piányi 比 ... 便宜
pelo menos zhìshǎo
至少
mensageiro xìnshǐ 信使
mensagem de texto duǎnxìn
短信
menstruação yuèjīng
月经
mentir shuōhuǎng
说谎
menu càidānr
菜单儿
posso ver o menu, por favor?
qǐng lái càidānr, hǎo ma?
请来菜单儿好吗？
ver Menu à página 193
menu de preço fixo fènrfàn
份儿饭
mercado shìchǎng
市场
mercearia záhuòdiàn
杂货店,

shípǐn diàn
食品店
meridional nánde
南的
mês yuè 月
mesa zhuōzi
桌子
uma mesa para dois liǎngrén zhuō 两人桌
mesmo: o mesmo yíyàng
一样
o mesmo outra vez, por favor qǐng zài lái yíge
请再来一个
para mim dá no mesmo! wǒ wú suǒwèi!
我无所谓
metade yí bàn
一半
cerca de metade disso nàme duō yí bàn
那么多一半
metade do preço bànjià
半价
metal jīnshǔ
金属
metro mǐ 米
metrô dìtiě
地铁
meu, minha* wǒde
我的
isso é meu shì wǒde
是我的
mexer: não se mexa! bié dòng! 别动

Mianmá Miǎndiàn
缅甸
milha yīnglǐ
英里
milímetro háomǐ
毫米
mim* wǒ 我
isso é para mim zhè shì wǒde
这是我的
mande para mim qǐng sòng gěi wǒ
请送给我
para mim também wǒ yě yào
我也要
minúsculo yìdiánrdiǎnr
一点儿点儿
minuto fēn(zhōng)
分（钟）
num minuto yìhuǐr
一会儿
só um minuto děng yìhuǐr
等一会儿
mochila bèibāo
背包
moda: da moda shímáo
时髦
fora de moda bù shímáo
不时髦
moderno xiàndài
现代
moeda yìngbì
硬币
molhado shī 湿
molho de soja jiàngyóu
酱油

monge sēng 僧
mongol Ménggǔ
蒙古
Mongólia Ménggǔ
蒙古
montanha shān 山
　nas montanhas zài shānlǐ
　在山里
montanhismo dēngshān
登山
monumento jìniànbēi
纪念碑
morango cǎoméi
草莓
morar zhù 住

diálogo

> onde você mora? nǐ zhù zài nǎr?
> moro em Recife wǒ zhù zài Hēixīfēi

mordida (de cachorro) ràng gǒu gěi yǎoshāng le
让狗给咬伤了
morrer sǐ
死
morro (colina) shān 山
morte sǐwáng
死亡
morto sǐle
死了
mosca cāngying
苍蝇

mosquiteiro wénzhàng
蚊帐
mosquito wénzi 蚊子
mosteiro (budista) sìyuàn
寺院
mostrar: poderia me mostrar?
nǐ néng ràng wǒ kànkan ma?
你能让我看看吗？
motocicleta mótuōchē
摩托车
motorista sījī
司机
móveis jiājù
家具
movimentado rènào
热闹
muçulmano mùsīlín
穆斯林
mudar: ele se mudou para outro quarto tā bāndào lìngwài yí jiān qùle
他搬到另外一间去了
poderia mudar isto de lugar?
qǐng nín nuó yíxià, hǎo ma?
请您挪一下好吗？
mudei de idéia wǒ gǎibiàn zhǔyì le 我改变主意了
muito tài 太
muito mais tài duō 太多
(quantidade) duō 多, hěnduō
很多, xǔduō-... 许多
há muito tempo hǎo duō shíjian 好多时间
muita gente hěnduō rén
很多人

muito maior dà de duō
大得多
muito melhor/pior
hǎo/huài de duō
好／坏得多
não muito bù duō 不多,
bù hěn duō 不很多
(plural) hěn duō 很多
não muitos bù duō 不多
não quero muito wǒ búyào tài dūo 我不要太多
(intensidade) fēicháng 非常
muito pequeno hěn xiǎo
很小
gosto muito disso wǒ hěn xǐhuan 我很喜欢
muletas guǎizhàng
拐杖
mulher fùnǚ
妇女
multa fákuǎn
罚款
multidão rénqún
人群
mundo shìjiè
世界
muralha qiáng 墙
a Grande Muralha da China Chángchéng
长城
murcho: estou com um pneu murcho wǒde chētāi biěle
我的车胎瘪了
museu bówùguǎn
博物馆

música yīnyuè
音乐
música folclórica mínjiān yīnyuè
民间音乐
música pop liúxíng yīnyuè
流行音乐

N

nacional (da nação) guójiā
国家
(de âmbito nacional) quánguó
全国
nacionalidade guójí
国籍
(para minorias chinesas) shǎoshù mínzú
少数民族
nada méiyou shénme
没有什么
de nada búyòng kèqi
不用客气
mais nada, obrigado(a) qítade búyào, xièxie
其他的不要谢谢
nada para mim, obrigado(a)
wǒ shénme dōu bú yào, xièxie
我什么都不要谢谢
nadar yóuyǒng
游泳
vou nadar wǒ qù yóuyǒng
我去游泳

vamos nadar zánmen qù yóuyǒng ba
咱们去游泳吧
namorada nǚ péngyou
女朋友
namorado nán péngyou
男朋友
não* bù 不
aquele não, este aqui búyào nèige, yào zhèige
不要那个要这个
eu não sabia disso wǒ bù zhīdao
我不知道
não!* búyào!
不要
não, não estou com fome wǒ búè
我不饿
não é necessário búbìyào
不必要
não faça isso! bié zhème zuò
别这么做
não quero nada, obrigado(a) búyào, xièxie
不要,谢谢
não tem de quê búyòng xiè
不用谢
não tenho troco wǒ méiyou líng qián
我没有零钱
não! meu Deus! (chateado) tiān na! 天哪
nariz bízi
鼻子

nascer: eu nasci em Manchester wǒ shì zài Mànchéng shēng de
我是在曼城生的
eu nasci em 1960 wǒ shì yī jiǔ liù líng nián-shēng de
我是一九六零年生的
Natal Shèngdàn jié
圣诞节
noite de Natal Shèngdànqiányè
圣诞前夜
Feliz Natal! Shèngdàn kuàilè!
圣诞快乐
natural zìrán
自然
navio chuán 船
de navio zuò chuán
坐船
neblina wù 雾
nebuloso: está nebuloso yǒu wù 有雾
necessário bìyào(de)
必要(的)
negócio mǎimài 买卖, shēngyi 生意
(empresa, firma) gōngsī 公司
negócio fechado! (combinado!) yì yán wéi dìng!
一言为定
nem: nem eu wǒ yě bù
我也不
nenhum: de jeito nenhum yìdiǎnr dōu bù
一点儿都不

não tem nenhum shénme yě méiyou
什么也没有
nenhum deles liǎngge dōu bù
两个都不
neozelandês: eu sou neozelandês wǒ shì xīnxīlánrén
我是新西兰人
Nepal Níbóěr
尼泊尔
nepalês Níbóěr(de)
尼泊尔（的）
neta (filha da filha) wàisūnnǚr
外孙女儿
(filha do filho) sūnnǚr
孙女儿
neto (filho da filha) wài sūnzi
外孙子
(filho do filho) sūnzi
孙子
neve xuě 雪
névoa wù 雾
ninguém méirén
没人
não tem ninguém lá méirén zài nàr
没人在那儿
noite wǎnshang
晚上
à noite wǎnshang
晚上
(de madrugada) yè 夜
à noite (de madrugada) yèli 夜里

boa-noite wǎn ān
晚安
esta noite jīntiān wǎnshang
今天晚上
poderia nos hospedar por uma noite? wǒmen kěyi zài zhèr guò yíyè ma?
我们可以在
这儿过一夜吗？
qual é o programa para esta noite? jīntiān wǎnshang yǒu shénme huódòng?
今天晚上有什么活动？

diálogo

vocês têm um quarto de solteiro por uma noite? yǒu yītiān de dānrén jiān ma?
sim, senhor yǒu
quanto custa por noite? yìwǎn yào duōshaoqián?
são 30 yuans por noite yìwǎn yào sānshí kuài qián
obrigada, fico com ele xíng

noiva wèihūnqī
未婚妻
noivo (condição) dìnghūnle
定婚了
(subst) wèihūnfū
未婚夫

nojento ěxīn 恶心
nome (primeiro nome) míngzi
名子
  meu nome é John wǒde míngzi jiào John
  我的名子叫 John
  qual é o seu nome? nǐ jiào shénme?
  你叫什么？
  qual é o nome desta rua? zhèi tiáo lù jiào shénme?
  这条路叫什么？
nora érxífur
儿媳妇儿
nordeste dōngběi
东北
normal zhèngcháng(de)
正常（的）
noroeste xīběi
西北
norte běi 北
  ao norte wǎng běi
  往北
  ao norte de Roma Luómǎ běi
  罗马北
  no norte běibian
  北边
Noruega Nuówēi
挪威
norueguês Nuówēiyǔ
挪威语
nós* wǒmen
我们
  para nós wéi wǒmen
  为我们

nosso(s); nossa(s)* wǒmende
我们的
nota (cédula) chāopiào
钞票
notícias (de rádio, TV etc.) xīnwén
新闻
noturno (viagem etc.) guòyè
过夜
Nova Zelândia Xīnxīlán
新西兰
novembro shíyīyuè
十一月
novo xīn
新
novo endereço zhuǎnxìn dìzhǐ
转信地址
nozes hétao
核桃
nublado duōyún
多云
número hàomǎ
号码
  (o algarismo) shùzì
  数字
  disquei o número errado wǒ dǎcuòle
  我打错了
  qual o número do seu telefone? nǐde diànhuà hàomǎ shì duōshao?
  你的电话号码是多少？
número de licença chēhào
车号

número de telefone diànhuà hàomǎ
电话号码
número do vôo hángbān hào
航班号
nunca cónglái bù
从来不

diálogo

> já esteve em Pequim? nǐ qùguo Běijīng méiyou?
> não, nunca estive lá cónglái méiqù

o

o; lhe* tā
他
objetiva (câmera) jìngtóu
镜头
objetos de laca qīqì
漆器
obrigado(a) xièxie
谢谢
muito obrigado(a) fēicháng gǎnxiè
非常感谢
obrigado(a) pela carona xièxie nín ràng wǒ dāle chē
谢谢您让我搭了车
não, obrigado(a) xièxie, wǒ bú yào
谢谢, 我不要

diálogo

> obrigado(a) xièxie
> tudo bem, não tem de quê bú kèqi

observar (contemplar) kàn
看
obturação (de dente) bǔ yá
补牙
ocidental (adj) xī 西
(pessoa) xīfāng de
西方的
Ocidente Xīfāng
西方
no Ocidente Xīfāng
西方
oculista yǎnjìngdiàn
眼镜店
óculos yǎnjìng
眼镜
óculos de sol tàiyángjìng
太阳镜
ocupado (atarefado) hěn máng
很忙
amanhã estarei ocupado wǒ míngtian hěn máng
我明天很忙
(telefone) zhànxiàn
占线
(toalete) yǒurén
有人
este lugar está ocupado? zhèr yǒu rén ma?
这儿有人吗？

odiar hèn
恨

oeste xī
西

no oeste xībiānr
西边儿

oficina (de carro) qìchē xiūlǐchǎng
汽车修理厂

oi, olá nǐ hǎo
你好

olá! nǐ hǎo!
你好

óleo (de carro) yóu
油

óleo de bronzear fángshàiyóu
防晒油

óleo vegetal càiyóu
菜油

oleoso (comida etc.) yóunì
油腻

olhar: estou só olhando, obrigado(a) wǒ zhǐshi kànyikàn, xièxie
我只是看一看谢谢

posso dar uma olhada? kěyi kànkan ma?
可以看看吗？

olho yǎnjing
眼睛

ombro jiānbǎng
肩膀

omelete chǎojīdàn
炒鸡蛋

onde? nǎr? 哪儿？

não sei onde fica wǒ bù zhīdao zài nàr
我不知道在那儿

diálogo

onde fica o templo do Dragão? lóng miào zài nǎr?
fica para lá jiù zài nàr
poderia me mostrar onde está no mapa? qǐng zài dìtúshang zhǐshì gěi wǒ ba?
está bem aqui jiù zài zhèr

ônibus (o transporte público) gōnggòng qìchē
公共汽车

de ônibus zuò gōnggòng qìchē
坐公共汽车

a que horas é o último ônibus? mòbānchē shì jǐ diǎn?
末班车是几点？

qual é o número do ônibus para...? dào... qù zuò jǐ lù chē?
到 ... 去坐几路车？

quando sai o próximo ônibus para...? dào... qù de xià (yì) bān chē shì jǐdiǎn?
到 ... 去的下一班车是几点？

diálogo

este ônibus vai para...?
zhèi liàng chē qù... ma?
não, você tem de pegar o número... bú qù, nǐ yào zùo... hào chē

ônibus circular shìqūchē
市区车
ônibus de subúrbio jiāoqūchē
郊区车
ônibus de turismo lǚyóu chē
旅游车
ônibus interurbano chángtú qìchē
长途汽车
ônibus para o aeroporto jīchǎng bānchē
机场班车
ontem zuótiān
昨天
ontem de manhã zuótiān zǎoshang
昨天早上
anteontem qiántiān
前天
ópera gējù
歌剧
Ópera de Pequim Jīngjù
京剧
organizar (arrumar) shōushi
收拾
os* tāmen
他们

osso gǔ 骨
ótimo hǎojíle
好极了
ou (em afirmação) huòzhě
或者
(em pergunta) háishi
还是
ou... ou... huòzhe-... huòzhe-...
或者 ... 或者 ...
ouro huángjīn
黄金
outono qiūtiān
秋天
no outono qiūtiān
秋天
outra vez zài 再
outro (não referido) lìng yíge
另一个
quero trocar por outro quarto wǒ xiǎng huàn lìngwài yíge fángjiān
我想换另外一个房间
outra cerveja, por favor qǐng zài lái yì bēi píjiǔ
请再来一杯啤酒
(restante) qítā
其他
o outro lìng yíge
另一个
no outro dia zuìjìn
最近
estou esperando os outros wǒ děngzhe qíyúde
我等着其余的

você tem outros? (de outros tipos) hái yǒu biéde ma?
还有别的吗？
outra coisa biéde dōngxi
别的东西
outro lugar biéde dìfāng
别的地方

diálogo

> **deseja alguma outra coisa?** hái yào biéde ma?
> **não, mais nada obrigado(a)** bú yào le, xièxie

outubro shíyuè
十月
ouvido ěrduo
耳朵
ouvir tīngjian
听见

diálogo

> **consegue me ouvir?** nǐ néng tīngjiàn ma?
> **não consigo ouvi-lo, poderia repetir?** duìbuqǐ, tīngbujiàn, nǐ néng zài shuō yí biàn ma?

ovo jīdàn
鸡蛋
ovo cozido zhǔ jīdàn
煮鸡蛋
ovo frito jiān jīdàn
煎鸡蛋
ovos mexidos chǎo jīdàn
炒鸡蛋

P

pacote bāoguǒ
包裹
padaria miànbāodiàn
面包店
padrão (desenho) tú'àn
图案
pagar fù qián
付钱
por favor, eu poderia pagar? suànzhàng ba?
算帐吧？
já está pago zhèige yǐjīng fùqián le
这个已经付钱了

diálogo

> **quem vai pagar?** shúi fùqián?
> **eu pago** wǒ fùqián
> **não, você pagou na última vez, eu pago** bù, nǐ shì zuìhòu yícì fùde, wǒ fùqián

página yè 页
pagode tǎ 塔

pai fùqīn
父亲
(plural) fùmǔ
父母
país guójiā
国家
paisagem fēngjǐng
风景
palácio gōngdiàn
宫殿
palavra cí
词
paletó (roupa) jiākè
茄克
panda dà xióngmāo
大熊猫
pane (avaria) gùzhàng
故障
panela (panela oriental) guō
锅
pano de limpeza mābù
抹布
pano de prato cāwǎnbù
擦碗布
pão (assado) miànbāo
面包
(cozido no vapor) mántou
馒头
pãozinho miànbāo juǎnr
面包卷儿
pãozinho cozido no vapor huājuǎnr
花卷儿
pão branco bái miànbāo
白面包

pão integral quánmài miànbāo
全麦面包
pão preto hēi miànbāo
黑面包
papai bàba
爸爸
papel zhǐ 纸
um pedaço de papel yìzhāng zhǐ
一张纸
papel-alumínio xīzhǐ
锡纸
papel de carta xìnzhǐ
信纸
papel de embrulho bāozhuāngzhǐ
包装纸
papel higiênico wèishēngzhǐ
卫生纸
paquistanês Bājīsītǎn de
巴基斯坦 的
par (duas unidade): um par de liǎngge-...
两个 ...
(um casal) ... yíduìr-...
一对儿 ...
para*: para a agência do correio qù yóujú
去邮局
para a China/Inglaterra qù Zhōngguó/Yīnggélán
去中国／英格兰
para Xangai/Londres dào Shànghǎi/Lúndūn
到上海／伦敦

você tem alguma coisa para...? (doença) nǐ yǒu zhì... de yào ma?
你有治 ... 的药吗？
(em direção a) cháozhe
朝着

diálogos

> para quem são os bolinhos? zhèi xiē jiǎozi shì shéi (jiào) de?
> são para mim shì wǒ de
> e isto? zhèi gè ne?
> isso é para ela shì tā de

> onde pego o ônibus para Pequim? qù Běijīng zài nár zuò chē?
> o ônibus para Pequim sai da Rua Donglu qù Běijīng de chē zài Dōnglù kāi

parabéns! gōngxǐ! gōngxǐ!
恭喜恭喜
parar tíng
停
pára perto de...? zài-...-fùjìn tíng ma?
在 ... 附近停吗？
pare aqui, por favor (para taxista etc.) qǐng tíng zài zhèr
请停在这儿
pare com isso! tíngzhǐ!
停止

parecer: você não parece bem kànqǐlái, nǐ shēntǐ bù shūfu
看起来你身体不舒服
parecido (similar) xiāngjìn de
相近
parque gōngyuán
公园
parte bùfen
部分
particular (privado) sīrén(de)
私人（的）
partida (esporte) bǐsài
比赛
partida de futebol zúqiú sài
足球赛
Partido Comunista Gòngchǎndǎng
共产党
membro do Partido Comunista gòngchándǎngyuán
共产党员
partilhar héyòng
合用
partir (sair) zǒu
走
vou partir amanhã wǒ míngtian zǒu
我明天走
quando parte o ônibus para Pequim? qù Běijīng de qìchē jǐ diǎn kāi?
去北京的汽车几点开？
ele partiu ontem tā shì zuótiān líkāi de
他是昨天离开的

passado*: **no passado** guòqu
过去
(que acabou de passar) zuìhòu
最后
na noite passada zuótiān wǎnshang
昨天晚上
semana passada shàng xīngqī
上星期
passageiro chéngkè
乘客
passaporte hùzhào
护照
passar: acabar de passar pelo centro de informações gāng jīngguò wènxùnchù
刚经过问讯处
pássaro niǎo
鸟
passatempo (hobby) shìhào
嗜好
passeio: gostaria de fazer um passeio até ... -wǒ xiǎng dào-...-qù
我想到 ... 去
vamos fazer um passeio turístico wǒmen qù yóulǎn
我们去游览
pasta de dentes yágāo
牙膏
pastilhas para garganta rùnhóu piàn
润喉片
pato (carne) yā 鸭

pauzinhos (palitos para comer) kuàizi
筷子
pavilhão tíngzi
亭子
pé (medida) yīngchǐ
英尺
(humano) jiǎo 脚
ir a pé bùxíng 步行
vou a pé wǒ zǒuzhe qù
我走着去
peça de teatro huàjù
话剧
peculiar (gosto, costume) guài
怪
pedaço kuàir
块儿
um pedaço de... yíkuàir-...
一块儿 ...
um pedaço grande yídàkuàir
一大块儿
pedir qǐng 请
poderia pedir a ele que...? nǐ néng bù néng qǐng tā...?
你能不能请他 ... ？
(em restaurante) **podemos pedir agora?** wǒmen kěyǐ diǎncài ma?
我们可以点菜吗？
já pedi, obrigado(a) yǐjing diǎn le, xièxie
已经点了谢谢
não pedi isto wǒ méiyǒu diǎn zhèige cài
我没有点这个菜

pedir emprestado jiè
借
posso pedir... emprestado?
wǒ kěyǐ jiè yíxia-... ma?
我可以借一下 ... 吗？
pedir carona dā biànchē
搭便车
pedra shítou
石头,
yánshí
岩石
pegar zhuā 抓
(buscar alguém) você vem me pegar? nǐ lái jiē wó hǎo ma?
你来接我好吗？
(dar a partida) o carro não quer pegar chē fādòngbùqǐlái
车发动不起来
não pega (o motor) bù dáhuǒ
不打火
(tomar um veículo) onde pegamos o ônibus para...? qù-... zài nǎr shàng chē?
去 ... 在哪儿上车？
peito (seio) xiōng
胸
peixe yú 鱼
pele (humana) pífu
皮肤
(animal) pí
皮
pena: que pena zhēn kěxī
真可惜
penicilina pánníxīlín
盘尼西林

pensão completa shí zhù quán bāo
食住全包
pensar xiǎng
想
penso que sim wǒ xiǎng shì zhèiyang
我想是这样
penso que não wǒ bú zhèiyang xiǎng
我不这样想
vou pensar no assunto wǒ kǎolǜ yíxia
我考虑一下
pensionista (aposentado) lǐng yánglǎojīn de rén
领养老金的人
pequeno xiǎo 小
pêra lí 梨
percurso lùxiàn
路线
qual é o melhor percurso? něitiáo lùxiàn zuì hǎo?
哪条路线最好？
perder diū 丢
eu me perdi wǒ mílùle
我迷路了
perdi minha bolsa wǒ bǎ dàizi diūle
我把带子丢了
perdi o ônibus wǒ méi gǎnshàng chē
我没赶上车
perfeito wánměi
完美

perfume xiāngshuǐr
香水儿

pergunta wèntí
问题

perguntar wèn
问

perigoso wēixiǎn
危险

período shíqī
时期

período escolar xuéqī
学期

permissão xǔkě zhèng
许可证

permitir: é permitido? zhè yúnxǔ-ma? 这允许吗？

perna tuǐ 腿

pernilongo wénzi
蚊子

perto jìn 近

perto de... lí-... hěnjìn
离 ... 很近

fica perto do centro da cidade? lí-shì zhōngxīn jìn ma?
离市中心近吗？

passa perto da Grande Muralha? nǐ zài-Chángchéng fùjìn tíngchē ma?
你在长城附近停车吗？

perturbar dárǎo
打扰

pesado zhòng
重

pescoço bózi
脖子

peso zhòngliàng
重量

pêssego táozi
桃子

péssimo zāogāole
糟糕了
(tudo perdido) zāole!
糟了

pessoa rén 人

as outras pessoas no hotel fàndiàn li de qítā kèrén
饭店里的其他客人

tem pessoas demais rén tài duō le 人太多了

pia (de toalete) liǎnpén 脸盆
(em geral) shuǐchí 水池

piada wánxiào
玩笑

piano gāngqín
钢琴

picada (de inseto) yǎo 咬, chóngzi yǎo de
虫子咬的

tem alguma coisa para picada de insetos? yǒu zhì chóng yǎo de yào ma?
有治虫咬的药吗？

picar: fui picado wǒ gěi zhēle
我给螫了

picolé bīnggùnr
冰棍儿

píer mǎtóu
码头

pijama shuìyī
睡衣

pílula bìyùnyào
避孕药
  estou tomando pílulas wǒ chī bìyùnyào
  我吃避孕药
pimenta hújiāo
胡椒
pimentão shìzijiāo
柿子椒
pintura huà 画
  (a óleo) yóuhuà
  油画
  (chinesa) guóhuà
  国画
pior zuì huài
最坏
piorar: piorou huàile
坏了
piquenique yěcān
野餐
piscina yóuyǒngchí
游泳池
piscina coberta shìnèi yóuyǒngchí
室内游泳池
piso (chão) dìbǎn
地板
pista (trânsito) chēdào
车道
placa (de carro) chēpái
车牌
plano (achatado) píngtǎn
平坦
planta zhíwù
植物

plástico sùliào
塑料
plataforma zhàntái
站台
  qual é a plataforma para Pequim? wǎng Běijīng de huǒchē cóng jǐhào zhàntái kāichū?
  往北京的火车从几号站台开出？
platéia (de teatro) lóutīng
楼厅
pneu lúntāi
轮胎
pobre qióng
穷
poder (verbo, abordagem educada) eu não poderia... wǒ bù néng...
我不能
  eu não posso... wǒ bù néng-...
  我不能 ...
  pode me dar um...? qǐng gěi wǒ-... hǎo ma?
  请给我 ... 好吗？
  pode me pegar um...? (em loja) wǒ xiǎng mǎi-...?
  我想买 ... ？
  pode me servir outro? qǐng zài lái yīge?
  请再来一个？
  pode me servir um...? qǐng lái-..., hǎo ma?
  请来 ... 好吗？

poderia dar isto a...? qǐng nín bǎ zhèige gěi-..., hǎo ma?
请您把这个给 ... 好吗？
posso entrar? wǒ néng jìnlái ma?
我能进来吗？
posso ver isso? wǒ néng kàn ma?
我能看吗？
posso me sentar aqui? wǒ néng zuò zhèr ma?
我能坐这儿吗？
você pode...? nǐ néng-... ma?
你能 ... 吗？
você poderia...? nín kěyi-... ma?
您可以 ... 吗？
(verbo, possibilidade) pode ser que eu... yěxǔ... 也许
pode ser que eu não... yěxǔ bù...
也许不 ...
poeira huīchén
灰尘
polegada (medida) yīngcùn
英寸
polegar dàmúzhǐ
大拇指
polícia jǐngchá
警察
chame a polícia! kuài jiào jǐngchá!
快叫警察
policial jǐngchá
警察

poluído wūrǎnle de
污染了的
pomada yàogāo
药膏
ponte (em rio) qiáo 桥
ponto de ônibus gōnggòng qìchē zhàn
公共汽车站
ponto de táxi chūzūchē diǎnr
出租车点儿
por (prep) jīngguò
经过
escrito por... shì... xiě de
是 ... 写的
é por minha conta wǒ fùqián
我付钱
passa por...? (trem, ônibus) jīngguò-...-ma?
经过 ... 吗？
por causa de... yóuyú...
由于
...por cento bǎifēn zhī-...
百分之 ...
por noite měi wǎn
每晚
por perto fùjìn
附近
quanto custa por dia? yìtiān yào duōshao qián?
一天要多少钱？
por favor qǐng
请
por favor, não faça isso qǐng nín-bù
请您不

por favor, poderia...? qǐng nín-..., hǎo ma?
请您 ... 好吗？
sim, por favor hǎo, xièxie
好谢谢
pôr fàng
放
onde posso pôr...? wǒ bǎ-... fàng zai nǎr?
我把 ... 放在哪儿？
por quê? wèishénme?
为什么？
por que não? wèishénme bù?
为什么不？
porca (parafuso) luósī
螺丝
porcelana cíqì
瓷器
porco (a carne) zhūròu
猪肉
(o animal) zhū
猪
pôr-do-sol rìluò
日落
porque yīnwèi
因为
porta mén
门
porta-malas (carro) xínglixiāng
行李箱
portão dàmén
大门
portão de embarque dēngjīkǒu
登机口

porteiro (de hotel) ménfáng
门房
(de condomínios, escolas, hospitais etc.) bǎménrde
把门儿的
porto gángkǒu
港口
possível kěnéng
可能
é possível...? kěyǐ... ma?
可以 ... 吗？
tão... quanto possível jǐn kěnéng
尽可能
postar (pôr no correio) jì
寄
poderia postar esta carta para mim? qǐng bāng wǒ bǎ zhèifēng xìn jìzǒu, hǎo ma?
请帮我把这封信寄走好吗？
posta-restante dàilǐng yóujiàn
待领邮件
pôster zhāotiē
招贴
posto de combustível jiāyóu zhàn
加油站
pouco: pode me dar um pouco de água? qǐng lái yìdiǎnr shuǐ, hǎo ma?
请来一点儿水好吗？
só um pouco, obrigado(a) jiù yìdiǎnr, xièxie
就一点儿谢谢

um pouco yìdiǎnr
一点儿
um pouco caro yǒu diǎn guì
有点贵
um pouco de leite yìdiǎnr niúnǎi
一点儿牛奶
um pouco mais duō yìdiǎnr
多一点儿
povo rénmín
人民
praça guǎngchǎng
广场
praia hǎitān
海滩
 na praia zài hǎitānshang
在海滩上
prata yín(zi)
银（子）
prateleira jiàzi
架子
praticar: eu quero praticar o meu chinês wǒ xiǎng liànxí jiǎng Zhōngwén
我想练习讲中文
prato (a comida) cài
菜
 (o recipiente) pánzi
盘子
prato principal zhǔcài
主菜
prazer: prazer em conhecê-lo(la) hěn gāoxìng jiàndào nǐ
很高兴见到你

precisar: eu preciso... wǒ xūyào-...
我需要
precisamos ir embora wǒmen děi zǒu le
我们得走了
preciso pagar? wǒ yīnggāi fùqián ma?
我应该付钱吗？
preço (em geral) jiàgé
价格,
jiàqián
价钱
 (mais de serviços) shōufèi
收费
preencher tián
填
 tenho de preencher este formulário? wǒ yào tián zhèi zhāng biǎo ma?
我要填这张表吗？
prefeitura shì zhèngfǔ dàlóu
市政府大楼
preferir: eu prefiro... wǒ gèng xǐhuan-...
我更喜欢 …
 (escolher o menos pior): **eu prefiro...** wǒ nìngkě...
我宁可 …
prego dīngzi
钉子
preguiçoso lǎn
懒
prendedor de roupa yīfu jiāzi
衣服夹子

preocupar: estou preocupado wǒ bù ān
我不安
presente (oferenda) lǐwù
礼物
preservativo bìyùntào
避孕套
presidente (de país) zóngtǒng
总统
presidente Mao Máo zhǔxí
毛主席
preso: está preso kǎle
卡了
pressa: estou com pressa wǒ hěn jí de
我很急的
não há pressa mànmàn lái
慢慢来
presunto huǒtuǐ
火腿
preto hēi 黑
prima (filha do irmão da mãe, mais velha do que quem fala) biáojiě
表姐
(mais nova do que quem fala) biǎomèi
表妹
(filha do irmão do pai, mais velha do que quem fala) tángjiě
堂姐
(mais nova do que quem fala) tángmèi
堂妹
primavera chūntian
春天

na primavera chūntian
春天
primeira classe (viagem etc.) yīděng 一等
primeiro dìyī
第一
a primeira vez dīyí cì
第一次
em primeiro lugar shǒuxiān
首先
eu fui o primeiro wǒ dìyī
我第一
primeira à esquerda zuǒbian dì yīge
左边第一个
você primeiro nǐ xiān qù ba
你先去吧
primeiro andar èr lóu
二楼
primeiro nome (nome de batismo) míngzi
名子
primeiro-ministro shǒuxiàng
首相
primeiros socorros jíjiù
急救
kit de primeiros socorros jíjiùxiāng
急救箱
primo (filho do irmão da mãe, mais velho do que quem fala) biǎogē
表哥
mais novo do que quem fala) biǎodì 表弟

(filho do irmão do pai, mais velho do que quem fala) tángxiōng
堂兄
(mais novo do que quem fala) tángdì
堂弟
principal zhǔyào de
主要的
principalmente dàduō
大多
prisão jiānyù
监狱
prisão de ventre biànbì
便秘
problema (dificuldade) máfan
麻烦
 tenho tido problemas com... -wǒde-...-yùdàole diǎnr máfan
 我的 ... 遇到了点儿麻烦
 (dúvida) wèntí
 问题
 qual é o problema? zěnmele?
 怎么了？
 sem problema! méi wèntí!
 没问题
procurar zhǎo
找
 estou procurando... wǒ zhǎo... 我找 ...
professor lǎoshī
老师
programa (de teatro) jiémùdānr
节目单儿

pronto zhǔnbèi hǎole
准备好了
 você está pronto? zhǔnbèi hǎole ma?
 准备好了吗？
 ainda não estou pronto wǒ hái méi hǎo ne
 我还没好呢

diálogo

quando ficará pronto? (conserto etc.) shénme shíhou xiūwánle?

deve ficar pronto em dois dias liǎngtiān jiù hǎole

pronunciar: como se pronuncia isto? zhèige zì zěnme fāyīn?
这个字怎么发音？
próprio: meu próprio... wǒ zìjǐde-...
我自己的 ...
protestante xjīnjiàotú
新教徒
protetor labial chúngāo
唇膏
protetor solar fángshàirǔ
防晒乳
provador shì yī shì
试衣室
provar (experimentar) shì
试

posso provar? kěyǐ shìyishì ma?
可以试一试吗？
provavelmente dàgài
大概
providenciar: pode providenciar isto para nós? nǐ néng tì wǒmen ānpái yíxià ma?
你能替我们安排一下吗？
próximo xià yíge
下一个
a próxima rua à esquerda zuǒbiānr dìyì tiáo lù
左边儿第一条路
na próxima parada xià yízhàn
下一站
na próxima semana xià(ge) xīngqī
下（个）星期
onde fica o... mais próximo? zuìjìn de-... zài nǎr?
最近的 ... 在哪儿？
pulga tiàozǎo
跳蚤
pulôver tàoshān
套衫
pulseira shǒuzhuó
手镯
pulso shǒuwànr
手腕儿
puro (uísque etc.) chún
纯
puxar lā 拉

Q

quadril túnbù
臀部
quadro (tela) huà 画
qual: qual ônibus? něilù chē?
哪路车？

diálogo

qual deles? nǎ yíge?
aquele nèige
este? zhèige?
não, aquele lá búshì, nèige

qualidade zhìliàng
质量
de má qualidade lièzhì
劣质
qualquer coisa shénme
什么
qualquer um deles nǎ liǎngge dōu kěyǐ
那两个都可以
quando? shénme shíhou?
什么时侯？
quando vem o trem/a balsa? huǒchē/dùchuán jídiǎn kāi?
火车／渡船几点开？
quando nós voltarmos wǒmen huílai de shíhou
我们回来的时侯
quanto: quanto tempo demora? yào duōcháng shíjian?
要多长时间？

diálogo

quanto tempo vai levar para consertar isso? bǎ zhèige dōngxi xiūlí hǎo yào duōcháng shíjian?
把这个东西修理好要多长时间？
muito tempo hěn cháng shíjian
很长时间
mais um/dois dias yí/liǎng tiān duō
一／两天多

quantos? (se a provável resposta for mais de dez) duōshao?
多少？
(se a provável resposta for dez ou menos) jǐge?
几个？

diálogo

quanto custa isto? duōshao qián?
17 yuans shí qī kuài
vou levar wǒ mǎi

quarta parte sì fēn zhī yī
四分之一
quarta-feira xīngqīsān
星期三
quarto (de hotel) fángjiān
房间
(dormitório de casa) wòshì
卧室
no meu quarto zài wǒ fángjiānli
在我房间里
quarto com duas camas shuāngrén fángjiān
双人房间
quarto de casal shuāngrén fáng(jiān)
双人房（间）
quarto de solteiro dānrén jiān
单人间
quase chàbuduō
差不多
quase nunca hěn shǎo
很少
que: do que* bǐ 比
ainda mais... do que...-bǐ-...-gèngduō
比...更多
menor do que bǐ-...-xiǎo
比...小
espero que... -wǒ xīwàng-...
我希望...
o homem que... -...-de nèige rén
...的那个人
o quê? shénme?
什么？
o que devo fazer? wǒ yīnggāi zuò shénme?
我应该作什么？
o que é isso? nà shì shénme?
那是什么？

o que há? (de errado) zěnme huí shìr?
怎么回事儿？
que bom nà zhèng hǎo
那正好
que ônibus eu pego? wǒ gāi zuò nèilù chē?
我该坐哪路车？
que vista! kàn zhè jǐngr!
看这景儿
quebrado (não funciona) huàile
坏了
(objeto) pòle
破了
(perna etc.) duànle
断了
quebrar dǎpò
打破
acho que quebrei o... wǒde... kěnéng huàile
我的 ... 可能坏了
eu quebrei o... wǒ dǎpòle...
我打破了 ...
queijo nǎilào
奶酪
queimado: isto está queimado (comida) shāojiāole
烧焦了
queimadura shāoshāng
烧伤
queimadura de sol rìzhì
日炙
queimar ránshāo
燃烧
queixo xiàba 下巴

quem? shéi?
谁？
quem é? shéi?
谁？
de quem é isto? zhèi shì shéide?
这是谁的？
quente (aquecido) nuǎnhuo
暖和
(apimentado) là 辣
(o calor) rè 热
hoje está quente jīntiān hěn rè
今天很热
querer: ele quer... -tā xiǎng-...
他想 ...
não quero wǒ bú yào
我不要
não quero nenhum... -wǒ bú yào-...
我不要
o que vai querer beber? nǐ xiǎng hē shénme?
你想喝什么？
o que você quer? nǐ yào shénme?
你要什么？
quero ir para casa wǒ yào huíjiā
我要回家
quero um... -wǒ yào yíge-...
我要一个
querer dizer: o que você quer dizer? nǐ zhǐde shì shénme?
你指的是什么？

diálogo

o que quer dizer esta palavra? zhèige cír shì shénme yìsi?
quer dizer... em inglês yòng yīngwen shì... de yìsi

quilo gōngjīn
公斤
quilômetro gōnglǐ
公里
são quantos quilômetros até...? qù... yǒu duōshao gōnglǐ?
去 … 有多少公里？
quinta-feira xīngqīsì
星期四
quinzena liǎngge xīngqī
两个星期
quiosque shòuhuòtíng
售货亭
quitanda càidiàn
菜店

R

radiador (de carro) sànrèqì
散热器
rádio shōuyīnjī
收音机
no rádio zài shōuyīnjīlǐ
在收音机里
raio (de roda) fútiáo
辐条
(relâmpago) shǎndiàn
闪电
ramal (telefone) fēnjī
分机
ramal 221, por favor qǐng guà èr èr yāo
请挂二二一
rápido kuài 快
que rápido que foi! zhēn kuài
真快
qual o caminho mais rápido para lá? něitiáo lù zuì jìn?
哪条路最近？
raquete qiúpāi
球拍
raro xīyǒu
稀有
raso qiǎn
浅
rato láoshǔ
老鼠
razoável (preços etc.) hélǐ
合理
real (verdadeiro) zhēn de
真的
realmente zhēnde
真的
realmente? (com dúvida) shì ma?
是吗？
realmente? (com interesse, educado) zhēnde ma?
真的吗？

isso é realmente maravilhoso bàngjíle
棒极了
sinto muito, realmente zhēn duìbuqǐ
真对不起
recado xìnr
信儿
tem algum recado para mim? yǒu wǒde xìn shénmede ma?
有我的信什么的吗？
gostaria de deixar um recado para... wǒ xiǎng gěi... liúge xìnr
我想给 ... 留个信儿
receita (médica) yàofāng
药方
recente: o mais recente zuìjìn
最近
recentemente zuìjìn
最近
recepção (de hotel) fúwùtái
服务台
(para convidados) zhāodàihuì
招待会
recepcionista fúwùyuán
服务员
recheio (de bolo, sanduíche) xiànr
馅儿
recibo shōujù
收据
recinto fechado shìnèi
室内
reclamação bàoyuàn
抱怨

tenho uma reclamação a fazer wǒ xiǎng tí yí ge yìjiàn
我想提一个意见
reclamar mányuàn
埋怨
recomendar: poderia recomendar...? qǐng nín tuījiàn-..., hǎo ma?
请您推荐 ... 好吗？
reconhecer rènshi
认识
rede (em esporte) wǎng
网
reembolsar: pode me reembolsar? qǐng nín ba qián tuì gěi wǒ hǎo ma?
请您把钱退给我好吗？
reembolso tuìkuǎn
退款
refeição (comida) fàn
饭
refeição da noite wǎnfàn
晚饭
refogado chǎode 炒
refrigerante qìshuǐr
汽水儿
refrigerante de laranja (com gás) júzi qìshuǐ
橘子汽水
refugo fèiwù
废物
região dìqū
地区
região de fronteira biānjìng
边境

registrada: por carta
registrada guàhàoxìn
挂号信
rei guówáng
国王
Reino Unido Yīngguó
英国
religião zōngjiào
宗教
relógio zhōng
钟
relógio de pulso shóubiāo
手表
remédio para tosse zhǐké yào
止咳药
renminbi (moeda corrente chinesa) rénmínbì
人民币
repelente (de insetos em geral) qūchóngjì
驱虫剂
(de mosquitos e pernilongos) qūwénjì
驱蚊剂
repetir chóngfù
重复
poderia repetir isso? qǐng nǐ zài shuō yíbiān, hǎo ma?
请你再说一遍好吗？
repolho báicài
白菜
República Popular da China Zhōnghuá Rénmín Gònghéguó
中华人民共和国

reserva yùdìng
预订
gostaria de fazer a reserva de um bilhete de trem wǒ xiǎng yùdìng huǒchēpiào
我想预订火车票

diálogo

tenho uma reserva wǒ yǐjing yùdìng le
sim senhor, seu nome, por favor? hǎo, nín guì xìng?

reservar (mesa, passagem etc.) dìng 订, yùdìng 预订
posso reservar um lugar? wǒ néng dìng ge zuòwei ma?
我能订个座位吗？

diálogos

eu gostaria de reservar uma mesa para dois/três wǒ xiǎng dìng liǎng/sān ge rén yì zhuō de wèizi
para que horas gostaria de reservar? nín yào jǐdiǎn zhōng?
para as sete e meia qī diǎn bàn
está bem xíng
e o seu nome? nín guì xìng?

posso reservar uma mesa
para esta noite? wǒ kěyi
dìng ge jīntian wǎnshang
de zuò ma?
sim senhor, para quantas
pessoas? hǎo, yígòng
jǐge rén?
para duas liǎngge rén
e para que horas? jǐdiǎn
zhōng?
para as 20 horas bā diǎn
zhōng
pode me dizer seu nome,
por favor? hǎo, nín guì
xìng?

resfriado: estou resfriado wǒ
gǎnmào le
我感冒了
restante: o restante do grupo
tāmen biéde rén
他们别的人
restaurante cāntīng
餐厅
(estilo ocidental) xīcāntīng
西餐厅
(grande) fàndiàn
饭店
(pequeno) fànguǎnr
饭馆儿
retirada de bagagem xíngli
tíqǔchù
行李提取处
retornar a ligação: retorno
a ligação amanhã wǒ
míngtian lái zhǎo nǐ
我明天来找你
retrato zhàopiàn
照片
reunião (encontro) huì(yì)
会（议）
revelar (filme) chōngxǐ
冲洗

diálogo

pode revelar estes filmes?
qǐng nín bāng wǒ chōngxǐ
yíxià zhèi xiē jiāojuǎnr,
hǎo ma?
sim, com certeza kěyǐ
quando ficam prontos?
shénme shíhou néng
chōng hǎo?
amanhã, à tarde míngtian
xiàwǔ
quanto custa o serviço de
quatro horas? sì xiǎoshí
fúwù duōshao qián?

revista zázhì
杂志
Revolução Cultural wénhuà
dà gémìng 文化大革命
riacho xiǎoxī
小溪
rico yǒuqián
有钱
ridículo kěxiàode
可笑的

rim (parte do corpo humano) shènzàng
肾脏
(comida) yāozi
腰子
rímel jiémáogāo
睫毛膏
rio hé 河
rio Amarelo Huáng Hé
黄河
rio Yangtze Chángjiāng
长江
rir xiào
笑
rocha yánshí
岩石
rochedo xuányá
悬崖
rock (música) yáogǔn yuè
摇滚乐
roda lúnzi
轮子
rodada: esta rodada é minha gāi wǒ mǎi le
该我买了
romance (literatura) xiǎoshuō
小说
rosto liǎn
脸
Rota da Seda sīchóu zhī lù
丝绸之路
roubar tōu 偷
 fui roubado wǒ bèi rén qiǎngle
 我被人抢了
 fui roubado (no quarto) wǒde fángjiān ràng rén gěi qiàole mén le
 我的房间让人给撬了门了
 minha bolsa foi roubada wǒde bāo bèi tōule
 我的包被偷了
roubo dàoqiè
盗窃
 isto é um roubo zhè shì qiāozhúgàng
 这是敲竹杠
roupa yīfu
衣服
roupa de banho (maiô) yóuyǒngyī
游泳衣
roupa de ginástica yùndòngfú
运动服
roupa feminina nǚzhuāng
女装
roupa lavada yǐxǐ de yīfu
已洗的衣服
roupa masculina nánzhuāng
男装
roupa para lavar xǐyī
洗衣,
 dài xǐ de yīfu
 待洗的衣服
roupão (penhoar) chényī
晨衣
roxo zǐ 紫
rua (na cidade) jiē(dào)
街（道）

na rua (na cidade) zài jiēshang
在街上
ruínas fèixū
废墟
rum lángmújiǔ
朗姆酒
Rússia Éguó
俄国
russo (adj) Éguó(de)
俄国（的）

S

sábado xīngqīliù
星期六
sabão féizào 肥皂
sabão em pó xǐyīfěn
洗衣粉
saber: eu não sabia disso nà wǒ bù zhīdao
那我不知道
eu não sei wǒ bù zhīdao
我不知道
sabe onde posso encontrar...? nǐ zhīdao wǒ zài nǎr néng mǎi dào...?
你知道我在哪儿能买到 ... ?
sabonete féizào
肥皂
sabor wèir 味儿,
wèidao 味道
sacada (balcão) yángtái
阳台

um quarto com sacada dài yángtái de fángjiān
带阳台的房间
saco dàizi
袋子
saco de dormir shuìdài
睡袋
saco de plástico sùliàodài
塑料袋
saguão (de hotel, teatro)
xiūxītīng 休息厅,
qiántīng 前厅
saia (roupa) qúnzi
裙子
saída chūkǒu
出口
onde é a saída mais próxima?
zuì jìn de chūkǒu zài nǎr?
最近的出口在哪儿？
saída de emergência
ānquánmén
安全门
saída de incêndio tàipíngtī
太平梯
sair (à noite) chūqu
出去
quer sair hoje à noite? nǐ jīntiān wǎnshang xiǎng chūqù ma?
你今天晚上想出去吗？
(de veículo) xià chē
下车
(ir embora) saímos amanhã wǒmen míngtian zǒu
我们明天走

sal yán 盐
sala de embarque hòujīshì
候机室
sala de jantar cāntīng
餐厅
salada shālā
沙拉
salão kètīng
客厅
salão de cabeleireiro lǐfàdiàn
理发店
salteado jiānde
煎的
salto (de sapato) xié hòugēn
鞋后跟
  poderia trocar os saltos?
  qǐng gěi wǒ dǎ hòugēn, hǎo ma?
请给我打后跟好吗？
salva-vidas jiùshēngyuán
救生员
salvo: a salvo píng'ān
平安
sandálias liángxié
凉鞋
sanduíche sānmíngzhì
三明治
sangue xiě
血
santuário shénkān
神龛
sapataria rápida xiūxiépù
修鞋铺
sapateiro xiūxiéjiàng
修鞋匠

sapato xié
鞋
  um par de sapatos
  yìshuāng xié
一双鞋
satisfeito: estou satisfeito
  wǒ bǎole
我饱了
saúde! (brinde) gānbēi!
干杯
se (no caso de) rúguǒ
如果
secador de cabelos
  diànchuīfēng
电吹风
seco gān
干
seda sīchóu
丝绸
sede: estou com sede wǒ kǒukě
我口渴
seguida: em seguida yǐhòu
以后
segunda classe (viagem etc.)
  èr děng
二等
segunda-feira xīngqīyī
星期一
segunda mão jiù(de)
旧（的）
segundo (adj) dìèrge
第二个
  (medida de tempo) miǎo
秒

espere um segundo!
zhè jiù dé! 这就得
seguro (de saúde etc.) bǎoxiǎn
保险
(protegido) ānquán
安全
sela ānzi
鞍子
self-service zìzhù
自助
selo yóupiào
邮票

diálogo

> um selo para o Brasil, por favor mǎi yìzhāng jì Bāxi de yóupiào
> o que está enviando? nǐ jì shénme?
> este cartão-postal zhèizhāng míngxìnpiàn

sem méiyǒu
没有
sem álcool bù hán jiǔjīng de
不含酒精的
semana xīngqī
星期
de hoje a uma semana xiàge xīngqī de jīntian
下个星期的今天
de amanhã a uma semana xiàge xīngqi de míngtian
下个星期的明天

sempre zǒng 总
senão yàobùrán
要不然
senhor xiānsheng
先生
senhora (esposa de, após sobrenome do marido) fūren
夫人
senhora, senhorita nǚshì
女士
senhorita xiǎojiě
小姐
sensual (sexy) xìnggǎn
性感
sentar-se zuòxià
坐下
posso me sentar aqui? wǒ kěyi zuò zhèr ma?
我可以坐这儿吗？
sente-se! qǐng zuò!
请坐
tem alguém sentado aqui? yǒu rén zài zhèr ma?
有人在这儿吗？
sentir gǎnjué
感觉
como está se sentindo? nǐ juéde zěnme yàng le?
你觉得怎么样了？
estou me sentindo melhor wǒ hǎo diǎnr le
我好点儿了
estou sentindo calor wǒ juéde hěn rè
我觉得很热

eu me sinto mal wǒ juéde bù shūfu
我觉得不舒服
não me sinto bem wǒ juéde bú tài shūfu
我觉得不太舒服
sinto muito duìbuqǐ
对不起
separadamente (pagar, viajar) fēnkāi de
分开地
separado fēnkāi
分开
ser* (verbo) shì 是
 nós somos wǒmen shì
 我们是
 você é nǐ shì
 你是
 vocês são nǐmen shì
 你们是
 eles são tāmen shì
 他们是
 nós éramos wǒmen yǐqián shì 我们以前是
 você era nǐmen shì
 你们是
sério (problema, doença) yánzhòng(de)
严重（的）
serviço de quarto sòng fàn fúwù
送饭服务
servir: não serve em mim (jaqueta etc.) wǒ chuān bù héshì 我穿不合适

serve em você nǐ chuān héshì
你穿合适
setembro jiǔyuè
九月
setentrional běibiān
北边
setor de emergências jíjiùshì
急救室
seu; sua* (sing) nǐde 你的 (formal) nínde 您的
sexo xìngbié
性别
sexta-feira xīngqī wǔ
星期五
shorts duǎnkù
短裤
show biǎoyǎn
表演
sim* shìde
是的
similar (parecido) xiāngjìn de
相近
simpático yǒuhǎo
友好
simples jiǎndān
简单
slide huàndēngpiānr
幻灯片儿
só (apenas) zhí yǒu
只有
só um zhí yǒu yíge
只有一个
são apenas 6 horas cái liùdiǎn
才六点

(simplesmente "só") jǐnjǐn
仅仅
(com números) zhǐ 只
só dois zhǐ yào liǎngge
只要两个
só para mim jiù wǒ yào
就我要
sob... zài-...-xià
在 ... 下
sobrar: não sobrou nada
shénme dōu búshèng
什么都不剩
sobre*: (em cima de) zài-...
shàngmian
在 ... 上面
(acerca de) **um filme sobre a China** guānyú Zhōngguó de diànyǐng
关于中国的电影
sobrenome xìng
姓
sobretudo (casacão) dàyī
大衣
sobrinha zhínǚ
侄女
sobrinho zhízi
侄子
socorro! jiùmìng!
救命
sofá shāfā
沙发
sogra pópo
婆婆
sogro yuèfù
岳父

soja huángdòu
黄豆
sol tàiyáng
太阳
sola (de sapato) xiédǐ
鞋底
(do pé) jiǎodǐ
脚底
poderia pôr solas novas nestes sapatos? qǐng nín huàn shuāng xīn xiédǐ, hǎo ma?
请你换双新鞋底好吗？
solo: no solo zài dì shàng
在地上
solteiro: sou solteiro wǒ shì dúshēn
我是独身
solto (folgado) sōng
松
sombra: à sombra zài yīnliáng chù
在阴凉处
sopa tāng
汤
sorrir xiào
笑
sorte yùnqi
运气
boa sorte! zhù nǐ shùnlì!
祝你顺利
sorvete bīngqílín
冰淇淋
sorvete de casquinha
dànjuǎnr bīngqílín
蛋卷儿冰淇淋

sozinho wǒ yíge rén
我一个人
  está sozinho? jiù nǐ yíge rén ma?
  就你一个人吗？
  estou sozinho jiù wǒ yíge rén
  就我一个人
spray para cabelos pēnfàjì
喷发剂
suave (gosto) wèidàn
味淡
subir (escadas etc.) shàng 上
subúrbio jiāoqū
郊区
suco de abacaxi bōluózhī
菠萝汁
suco de frutas guǒzhī
果汁
suco de laranja (fresco, feito na hora) xiānjúzhī
鲜橘汁
  (natural) xiān júzhī
  鲜桔汁
suco de tomate fānqié zhī
番茄汁
sudeste dōngnán
东南
sudoeste xīnán
西南
Suécia Ruìdiǎn
瑞典
sueco (idioma) Ruìdiǎnyǔ
瑞典语
suéter máoyī
毛衣

sujeira wūgòu
污垢
sujo zāng 脏
sul nán 南
  no sul nánfāng
  南方
sul-africano (adj) Nánfēi de
南非（的）
sou sul-africano wǒ shì Nánfēirén
我是南非人
supermercado chāojí shìchǎng
超级市场
suplemento (taxa extra) fùjiāfèi
附加费
surdo ěr lóng
耳聋
sutiã xiōngzhào
胸罩
suvenir jìniànpǐn
纪念品

T

Tailândia Tàiguó
泰国
Taiwan Táiwān
台湾
taiwanês Táiwān(de)
台湾（的）
talheres dāochā cānjù
刀叉餐具
talvez kěnéng
可能

talvez não kěnéng bù
可能不
tamanho chǐcùn
尺寸
tamanho médio zhōnghào
中号
também yě
也
eu também wǒ yě
我也
gostaria deste aqui também zhèige wǒ yě yào
这个我也要
tampa (em geral: de lata, caixa, panela etc.) gàir
盖儿
(de garrafa) pínggài
瓶盖
(de ralo) sāizi
塞子
tangerina gānzi
柑子
tanto: não tanto méi nàme duō
没那么多
tão: é tão bom nàme
那么好
é tão caro nàme guì
那么贵
não é tão ruim méi nàme huài
没那么坏
tão grande quanto... gēn... yíyàng dà
跟 ... 一样大
tapete dìtǎn
地毯

tardar: na quarta-feira, o mais tardar zuìwǎn xīngqīsān
最晚星期三
tarde (da noite) wǎn
晚
está ficando tarde bù zǎole
不早了
(período do dia) xiàwǔ
下午
à tarde xiàwǔ
下午
esta tarde jīntiān xiàwǔ
今天下午
mais tarde (depois) hòulái
后来
volto mais tarde wǒ guò yìhuǐr zài lái
我过一会儿再来
até mais tarde huítóujiàn
回头见
tarifa (bilhete etc.) chēfèi
车费
taxa de câmbio (para trocar dinheiro) duìhuànlǜ
兑换率
taxa de entrada: quanto custa a taxa de entrada? rùchǎng fèi shì duōshao qián?
入场费是多少钱？
taxa de serviço (em restaurante etc.) xiǎofèi
小费
táxi chūzū qìchē
出租汽车

onde posso encontrar um táxi? zài nǎr kěyi zhǎodao chūzū qìchē?
在哪儿可以找到出租汽车？
pode me chamar um táxi? qíng nín bāng wǒ jiào liàng chūzūchē, hǎo ma?
请您帮我叫辆出租车好吗？

diálogo

para o aeroporto/para o Xian Hotel, por favor qǐng dài wǒ dào fēijīchǎng/Xiān fàndiàn
quanto vai custar? duōshao qián?
30 yuans sānshí kuài qián
aqui está bem, obrigado(a) jiù zài zhèr, xièxie

taxista chūzū sījī
出租司机
tchau! zàijiàn
再见
teatro jùyuàn
剧院
tecido bù 布, bùliào 布料
tela (quadro) huà
画
telefonar dǎ diànhuà
打电话

telefone diànhuà
电话
telefone de cartão cíkǎ diànhuà
磁卡电话
telefone público jìfèi diànhuà
计费电话
telefonista zǒngjī
总机
telegrama diànbào
电报
televisão diànshì
电视
telhado fángdǐng
房顶
temperatura qìwēn
气温
tempero de salada shālā yóu
沙拉油
tempestade bàofēngyǔ
暴风雨
templo (budista) sì 寺, (taoísta) guàn 观
tempo* (horas, o momento) shíjiān 时间
(clima) tiānqi
天气
temporal léiyǔ
雷雨
tênis (calçado) lǚyóuxié
旅游鞋
(esporte) wǎngqiú
网球
tênis de mesa pīngpāngqiú
乒乓球

ter* yǒu
有
eu tenho de...? wǒ děi-... ma?
我得 ... 吗？
vocês têm...? nǐ yǒu... ma?
你有 ... 吗？
tenho de sair agora wǒ děi zǒu le
我得走了
terça-feira xīngqīèr
星期二
terceira classe sānděng
三等
(assento rijo) yìngzuò
硬座
terminal de ônibus gōnggòng qìchē zǒngzhàn
公共汽车总站
(interurbano) chángtú qìchēzhàn
长途汽车站
(urbano) qìchē zǒng zhàn
汽车总站
terminal ferroviário zhōngdiǎnzhàn
终点站
terminar zuò wán
作完
ainda não terminei wǒ hái méi nòng wán
我还没弄完
quando termina? shénme shíhou néng wán?
什么时候能完？

térreo yī lóu
一楼
terrível (péssimo) zāogāo
糟糕
isso é terrível tài zāogāo le
太糟糕了
tesoura yìbá jiǎnzi
一把剪子
testemunha zhèngren
证人
tia (irmã do pai) gūgu
姑姑,
gūmǔ 姑母
(irmã da mãe) yímǔ 姨母,
yímā 姨妈
tibetano Xīzàngde
西藏的
Tibete Xīzàng
西藏
tigela diézi
碟子
tigela de arroz fànwǎn
饭碗
time duì
队
tímido hàixiū
害羞
tinturaria gānxǐdiàn
干洗店
tio (irmão mais velho do pai) bófù
伯父
(irmão mais novo do pai) shūshu
叔叔
(irmão da mãe) jiùjiu
舅舅

típico diǎnxíng
典型

tipo zhǒng
种

que tipo de...? shénme yàng de-...?
什么样的 ... ?

outro tipo de... -lìng yìzhǒng-...
另一种 ...

diálogo

> **de que tipo deseja?** nǐ yào nǎ yí zhǒng?
> **desejo deste/daquele tipo** wǒ yào zhèi/nèi yì zhǒng

toalete (banheiro) cèsuǒ
厕所

onde fica o toalete? cèsuǒ zài nǎr?
厕所在哪儿 ?

tenho de ir ao toalete wǒ děi qù fāngbian fāngbian
我得去方便方便

toalete feminino nǚ cèsuǒ
女厕所

toalete masculino nán cèsuǒ
男厕所

toalha máojīn
毛巾

toalha de banho yùjīn
浴巾

toalha de mesa zhuōbù
桌布

toalha de rosto (xǐliǎn) máojīn
洗脸毛巾

todo(a/s) měige
每个

(objetos) suǒyǒu de dōngxi
所有的东西

a semana toda zhěngzheng yíge xīngqī
整整一个星期

todas as coisas měijiàn shìr
每件事儿

todas as pessoas měige rén
每个人

todos os dias měitiān
每天

todos os lugares měige dìfang
每个地方

tofu dòufu
豆腐

tolo (bobo) chǔn 蠢,
bèn 笨

tomada (elétrica) chātóu
插头

(extensão) chāzuò
插座,
diànyuán chāzuò
电源插座

tomada para barbeador elétrico diàntìdāo chāxiāo
电剃刀插销

tomar conta zhàokàn
照看

tomar sol shài tàiyáng
晒太阳
tomate xīhóngshì
西红柿
tonto: estou tonto wǒ tóuyūn
我头晕
tórax xiōng 胸
torcedor (esportes) qiúmí
球迷
**torcer: eu torci o... -wǒde... niǔ le
我的 ... 扭了
  torci o tornozelo** wǒde jiǎobózi niǔle
我的脚脖子扭了
torneira shuǐlóng tóu
水龙头
tornozelo jiǎobózi
脚脖子
torrada kǎo miànbāo
烤面包
tosse késou
咳嗽
  remédio para tosse zhǐké yào
止咳药
total zǒnggòng
总共
totalmente yígòng
一共
tóxico (venenoso) yǒudúde
有毒的
trabalho gōngzuò
工作
tradicional chuántǒng
传统

tradutor fānyì
翻译
traduzir fānyì
翻译
  poderia traduzir isso? qǐng nín fānyì yíxià, hǎo ma?
请您翻译一下好吗？
trajeto lùxiàn
路线
trancar suǒ
锁
  está trancado suǒshang le
锁上了
  eu me tranquei por fora wǒ bǎ zìjǐ suǒ zài ménwài le
我把自己锁在门外了
tranquilo ānjìng
安静
traseiro dǐr
底儿
  (de pessoa) pìgu
屁股
travesseiro zhěntou
枕头
travessia (do mar) guòdù
过渡
trazer dàilái
带来
  poderia me trazer outro, por favor? qǐng nǐ zài gěi wǒ yí ge hǎo ma?
请你再给我一个好吗？
  trago isto de volta mais tarde wǒ guò xiē shíhou dàihuílái
我过些时候带回来

diálogo

posso lhe trazer uma bebida? hē diǎnr shénme ma?
não, esta rodada é minha, do que você gostaria? zhèi huí wǒ lái mǎi, nǐ xiǎng hē shénme?
de um copo de Maotai (lái) yì bēi Máotáijiǔ

trem huǒchē
火车
de trem zuò huǒchē
坐火车

diálogo

este é o trem para Xangai? zhèliè huǒchē qù Shànghǎi ma?
claro qù
não, você deve ir para aquela plataforma búqù, nǐ yào dào nèige zhàntái qù

trocar duìhuàn
兑换
pode me trocar uma nota de cem yuans? yì bǎi kuài nín zhǎodekāi ma?
一百块您找得开吗？
posso trocar isto por...?
nín néng bāng wǒ duìhuàn chéng... ma?
您能帮我兑换成 ... 吗？

diálogo

temos de trocar de trem? zhōngtú yào huàn chē ma?
sim, trocam em Hangzhou yào zài Hángzhōu huàn chē
não, é um trem direto bú yòng huàn chē, zhè shì zhídáchē

trocar-se huàn yīfu
换衣服
troco língqián
零钱
eu não tenho troco wǒ yìdiǎnr língqián yě méi yǒu
我一点儿零钱也没有
tudo quánbù
全部
isso é tudo, obrigado(a) gòule, xièxie
够了谢谢
tudo isto quánbù 全部
tudo bem hǎo 好
tudo bem com você? hái hǎo ma? 还好吗？
comigo, tudo bem hěn hǎo
很好
tudo bem se...? wó kěyi...?
我可以 ... ？

tudo bem, obrigado(a) xíngle
xièxie
行了谢谢
Túmulos Ming shísānlíng
十三陵
túnel suìdào
隧道
turista lǚyóu zhě
旅游者
TV diànshì
电视

U

uísque wēishìjì
威士忌
último zuìhòu
最后
  na última sexta-feira shàng
  xīngqī wǔ
  上星期五
  a que horas sai o último trem
  para Pequim? qù Běijīng
  de zuìhòu yì bān huǒchē jǐ
  diǎn kāi?
  去北京的最后一
  班火车几点开？
ultrapassar chāoguò
超过
um* yī
一
  uma pessoa (desacompanhada)
  yíge rén
  一个人

úmido cháoshī
潮湿
unha zhǐjiā
指甲
universidade dàxué
大学
urgente jǐnjí(de)
紧急（的）
usar yòng 用
  posso usar...? wǒ kěyi yòng
  yíxia... ma?
  我可以用一下...吗？
útil (em geral: pessoa, objeto etc.)
  yǒuyòng
  有用
  (pessoa prestativa) bāngle bú
  shǎo máng
  帮了不少忙
uvas pútáo
葡萄

V

vaca nǎiniú
奶牛
vaga: vocês têm vagas? (hotel)
  zhèr yǒu kòng fángjiān ma?
  这儿有空房间吗？
vagão chēxiāng 车厢,
  kèchē 客车
vagão-leito wòpù
卧铺,
  wòpù chēxiāng
卧铺车厢

vagão-restaurante cānchē
餐车

vagem sìjìdòu
四季豆

vale (geologia) shāngǔ
山谷

válido (bilhete etc.) yǒuxiào
有效

até quando é válido? duō cháng shíjiānnei yǒuxiào?
多长时间内有效？

valioso bǎoguì(de)
宝贵（的）

valor: posso deixar aqui meus objetos de valor? wǒ kěyi bǎ guìzhòng de dōngxi fàng zài zhèr ma?
我可以把贵重的东西放在这儿吗？

van huòchē
货车

varal shàiyīshéng
晒衣绳

variar: isso varia jīngcháng biàn
经常变

vaso huāpíng
花瓶

vazar: o telhado está vazando wūdǐng lòule
屋顶漏了

vazio kōng
空

vegetariano chīsùde
吃素的

vela (de barco) fān 帆
(luminária) làzhú
蜡烛

velho (pessoa) lǎo 老
(coisa) jiù 旧

venda: à venda chūshòu
出售

vender mài 卖

vocês vendem...? nǐ mài bu mài-...?
你卖不卖 ... ？

venenoso (tóxico) yǒudúde
有毒的

ventar: está ventando muito yǒufēng
有风

ventilador fēngshàn
风扇

vento fēng
风

ver kànjian
看见

a gente se vê! zàijiàn!
再见

eu o vi esta manhã wǒ jīntian zǎoshang kànjian tā le
我今天早上看见他了

posso ver? wǒ kěyi kànkan ma?
我可以看看吗？

veja só! āiyā!
哎呀

você viu...? nǐ kàndào-le-...-ma?
你看到了 ... 吗？

verão xiàtian
夏天
verdade zhēnde
真的
isso não é verdade bú duì
不对
verdadeiro (real) zhēn de
真的
verde lǜsè(de)
绿色的
verduras shūcài
蔬菜
verificar: poderia verificar a conta, por favor? qǐng ba zhàngdān jiǎnchá yíxià, hǎo ma?
请把帐单检查一下好吗？
vermelho hóngsède
红色的
vespa huángfēng
黄蜂
véspera do Ano-Novo chinês chúxī
除夕
vestido liányīqún
连衣裙
vestir-se chuān yīfu
穿衣服
vez: às vezes yǒushíhhou
有时候
desta vez zhèicì
这次
duas vezes liǎngcì
两次
última vez shàngcì
上次
uma vez yícì
一次
próxima vez xiàcì
下次
três vezes sāncì
三次
quantas vezes os ônibus passam? gōnggòng qìchē duōchang shíjian yítàng?
公共汽车多长时间一趟？
via (por) tújīng
途经
viagem lǚxíng
旅行
boa viagem! yílù shùnfēng!
一路顺风
viajar lǚxíng
旅行
estamos viajando por aí wǒmen zài lǚxíng
我们在旅行
vida shēnghuó
生活
vidro (material) bōli
玻璃
viela (beco) hútòng
胡同
Vietnã Yuènán
越南
vila (aldeia) cūnzi
村子
vinagre cù 醋

vinho pútaojiǔ
葡萄酒
poderia nos trazer mais vinho? qǐng zài lái diǎnr pútaojiǔ, hǎo ma?
请再来点儿葡萄酒好吗？
vinho branco bái pútaojiǔ
白葡萄酒
vinho de arroz mǐjiǔ
米酒
vinho tinto hóng pútaojiǔ
红葡萄酒
violão jítā
吉他
vir lái
来

diálogo

de onde você é (vem)? nǐ shì cóng nǎr láide?
eu sou de Brasília wǒ shì cóng Bāxīlìyǎ lái de

virar: onde devo virar? wǒ děi zài nǎr guǎiwān?
我得在哪儿拐弯？
vire à direita wǎng yòu guǎi
往右拐
vire à esquerda wǎng zuó guǎi 往左拐
vírgula: dois vírgula cinco èr diǎn wǔ 二点五

visita guiada yǒu dǎoyóu de yóulǎn
有导游的游览
visitar (pessoa) qù kàn
去看
(lugar) cānguān
参观
gostaria de visitar... -wǒ xiǎng cānguān-
我想参观 …
vista jǐng
景
visto qiānzhèng
签证
vitrine: na vitrine zài chúchuānglǐ
在橱窗里
viver zhù
住
vivemos juntos wǒmen zhù zài yìqǐ
我们住在一起
voar (ir de avião) fēi
飞
podemos voar até lá? dào nàr yǒu fēijī ma?
到那儿有飞机吗？
você* nǐ 你
(formal) nín 您
vocês nǐmen 你们
com você gēn nǐ yìqǐ
跟你一起
isto é para você zhèi shì gěi nǐ de
这是给你的

voltagem diànyā
电压
voltar huí
回,
huílai
回来
  eu voltarei amanhã wǒ míngtiān huílai
  我明天回来
vomitar ǒutù
呕吐
  vou vomitar wǒ yào ǒutù
  我要呕吐
vontade: estou com vontade de caminhar wǒ xiǎng qù zǒuzǒu
我想去走走
vôo hángbān
航班
vôo de conexão xiánjiē de bānjī
衔接的班机
vôo doméstico guónèi hángbān
国内行班
vôo regular bānjī
班机
voz shēngyīn
声音

W

walkman® fàngyīnjī
放音机

X

xadrez guójì xiàngqí
国际象棋
  jogar xadrez xià qí
  下棋
  xadrez chinês xiàngqí
  象棋
xampu xǐfàqì
洗发剂
xícara bēizi
杯子
  uma xícara de chá/café, por favor yì bēi chá/kāfēi
  一杯茶／咖啡
xingamento zāngzìr
脏字儿

Z

zangado shēngqì
生气
zero líng 零
zíper lāliàn
拉链
  poderia colocar um zíper novo? qǐng nín bāng wǒ huànge xīn lāliànr, hǎo ma?
  请您帮我换个
  新拉链好吗？

Chinês

→

Português

Coloquialismos

Pode ser que você escute estas expressões; mas de maneira nenhuma empregue as mais fortes – elas serão extremamente ofensivas, se utilizadas por um estrangeiro.

bèndàn! idiota!
chǔnhuò! idiota!
dàbízi! metido!
dà tuánjié nota de dez yuans
fèihuà! bobagem!
gàile màorle absolutamente o melhor
gǔn! se manda!, vá se danar!
gǔnchūqù! fora daqui!
húndàn! filho da mãe!
juéle maravilhoso; único
lǎowài! forasteiro!
liǎobude ótimo, extraordinário
méizhìle excelente
nǎli, nǎli ah, não foi nada, não tem de quê
suànle esqueça
suíbiàn como você quiser
tāmāde! inferno!, maldito!
tài bàngle sensacional
tài zāogāole isso é terrível
tài zāotòule isso é horrível
xīpíshì hippie
yángguǐzi! demônio estrangeiro!
yāpíshì yuppie
yílù píng'ān boa viagem
yuánmù qiúyú perda de tempo (literalmente: subir numa árvore para pegar peixes)
zāole! maldição!, merda!
zhù zuǐ! cale a boca!
zǒu kāi! vá embora!

A

ǎi baixo
Àiěrlán Irlanda; irlandês
àizībìng aids
àn escuro; margem
ānjìng sossegado, tranquilo
ānquán seguro
ānzuò sela
Àodàlìyà Austrália; australiano (adj)

B

ba partícula no final de uma frase para indicar sugestão, conselho etc.
bā oito
bǎ palavra-medida* usada para cadeiras, facas, bules, ferramentas ou utensílios com alças, talos e buquês de flores
bàba pai
bābǎi oitocentos
bái branco
bǎidù ferryboat
báisè branco
bái tiān dia; de dia
bǎiwàn um milhão
bàn metade
bàndá meia dúzia
bàngjíle ótimo
bàngōngshì escritório
bāngzhù ajuda
bànr companheiro, namorado; namorada
bànyè meia-noite; à meia-noite
báo fino
bàofēngyǔ tempestade
bàozhǐ jornal
bāoguǒ pacote
bāokuò incluir
bǎole cheio
bǎozhèng promessa; garantia
bǎozhǐ lenço de papel
bāshí oitenta
baxi Brasil
baxiren (pessoa) brasileiro(a)
bāyuè agosto
bēi copo; vidro
běi norte
Běi Ài'ěrlán Irlanda do Norte
bēizi xícara
bèn estúpido
běn palavra-medida* usada para livros, revistas etc.
bēngdài atadura
bǐ do que
 bǐ-... gèng ainda mais do que...
 bǐ nèi duō diǎnr mais do que isso
biānjiè fronteira
biānjìng fronteira
biānr lado
biǎo formulário
biǎodì primo (mais novo do que quem fala)
biǎogē primo (mais velho do que quem fala)
biáojiě prima (mais velha do que quem fala)

biǎomèi prima (mais nova do que quem fala)
biéde dìfang em algum outro lugar
biéde dōngxi algo mais
bīng gelo
bīngdòngde congelado
bìngfáng enfermaria
bīnguǎn hotel
bīngxiāng geladeira
bǐsài jogo; partida; corrida
bìxū dever
bìyào(de) necessário
bíyǒu correspondente
bízi nariz
bōhào discar
bōli vidro
bōli bēi copo
bówùguǎn museu
bózi pescoço
bù não; tecido
 bù duō não muito
bù chángjiàn(de) incomum
bú kèqi de nada; não há de quê
bùfen parte
bùhǎo mau
bù jiǔ logo
bù kěnéng impossível
bùliào tecido; pano
bù lǐmào grosseiro
búshì não, não é o caso
búshì-... jiùshi-... ou... ou...
bùtóng diferente; diferença
bùxíng a pé
búyào! não!
búyàole isso é tudo; nada mais

búyòng xiè de nada; não há de quê

C

cài prato; refeição
cái apenas
cānchē vagão-restaurante
cánfèi deficiente físico
cáng esconder
cāngbái pálido; claro
cānguān visitar
cāngying mosca
cānjīn guardanapo
cāntīng restaurante; sala de jantar
cǎo grama
cǎoyào ervas (medicinais)
céng andar (em hotel etc.)
cèsuǒ toalete
chá chá (bebida)
chà às (horas)
chàbuduō quase, aproximadamente
cháchí colher de chá
cháhàotái consulta à lista (telefônica)
chán ganancioso; guloso
cháng longo
chànggē cantar
chàngpiàn disco (música)
chángtú chēzhàn terminal de ônibus de longa distância
chángtú diànhuà chamada interurbana
chángtú qìchē ônibus de longa distância
chángtú qūhào código de área

chāojí shìchǎng supermercado
chǎole barulhento
chāopiào cédula, nota (dinheiro vivo)
cháoshī úmido
cháozhe em direção a
chápán bandeja
chāzi garfo
chē ônibus urbano
chēfèi tarifa
chēlún roda
chéngbǎo castelo
chéngjiā casado
chéngkè passageiro
chéngli na cidade
chéngshì cidade
chéngshí honesto
chéngzhèn cidade
chènyī camisa
chētāi pneu
chēzhàn terminal de ônibus; ponto de ônibus
chī comer
chí tarde (atrasado)
chǐcùn tamanho
chīde comida
chīsùde vegetariano
chóngfù repetir
chuán navio, barco
chuáncāng camarote (de barco, navio)
chuáng cama
chuángdān lençol
chuángdiàn colchão
chuānghu janela
chuānkǒng furo
chuánrǎn infeccioso
chuántǒng tradicional
chuánzhēn fax
chúfáng cozinha
chūkǒu sair
chúle-... yǐwài exceto..., a não ser...
chǔn bobo
chūnjié Ano-Novo chinês
chūntian primavera; na primavera
chúxī noite de Ano-Novo
chǔxù depósito
chūzū alugar
chūzūchē diǎnr ponto de táxi
chūzū qìchē táxi
cí palavra
cídài fita cassete
cóng de
cōngcong apressadamente
cónglái bù nunca (referindo-se ao passado ou ao presente)
cōngming esperto, inteligente
cūnzhuāng vila
cuò(wù) engano, erro; culpa

D

dà grande, amplo
dǎ bater
dàbó cunhado (irmão mais velho do marido)
dà bùfen shíjiān a maior parte do tempo
dǎcuòle número errado
dǎ diànhuà telefonar; ligar
dàgài provavelmente
dàhuì conferência
dǎhuǒjī isqueiro
dài pegar (algo de algum lugar)

dàilái trazer
dàilǐng yóujiàn posta-restante
dàitì em vez de
dàjíle enorme
dàlù estrada principal
dàmǐ arroz cru
dàn fraco; descorado
dānchéngpiào bilhete simples; bilhete de ida
dāndú sozinho
dāngrán é claro; certamente
dànián sānshí noite do Ano-Novo chinês
dānrén jiān quarto de solteiro
dānshēn solteiro
dànshì mas
dānyuán apartamento
dǎo ilha
dāo faca
dào para; chegar
dào-... wéizhǐ até...
dàodá chegar
dàodá shíjiān chegada
dàotián arrozal; campo de arroz
dǎoyóu guia turístico
dāozi faca
dàrén adulto
dàshēng de alto (volume)
dàshǐguǎn embaixada
dàxióngmāo panda
dàxué universidade
dàyī casaco; sobretudo
dàyuē aproximadamente
dǎzhàng luta
de de (partícula inserida entre o adjetivo e o substantivo para expressar posse)

dé pegar; obter
de duō:-... de duō muito mais...
Déguó Alemanha; alemão (adj)
dēng luz; lâmpada
děng esperar
dēngjì check-in
dēngjīkǒu portão (no aeroporto)
dēngjī pái cartão de embarque
dēngpào lâmpada
dì chão; piso
dì èr tiān o dia seguinte
dī baixo
diàn elétrico; eletricidade
-diǎn hora
diànchí bateria
diànchuīfēng secador de cabelos
diàndòng tìxū dāo aparelho de barbear
diàngōng eletricista
diànhuà telefone
diànhuà hàomǎ bù lista telefônica
diànhuàtíng cabine telefônica
diànnǎo computador
diǎnr um pouco
...diǎnr mais...
diànshì televisão
diàntī elevador
diàntìdāo barbeador elétrico
diànxiàn fio
diànxíng típico
diànyā voltagem
diànyǐng filme
diànyǐng yuàn cinema

diànyuán chāzuò tomada
diànzi almofada
diàochuáng berço
dìbā oitavo
dìdi irmão mais novo
dì'èr(ge) segundo
diézi prato; tigela; pires
dìfang lugar
dìjiǔ novo
dìliǎng segundo
dìliù sexto
dìnghūnle noivo
dǐngshang: zài dǐngshang no topo
dìngzuò reservar
dìqī sétimo
dìqū região
dǐr embaixo; traseiro
dìsān terceiro
dìshang no chão
dìshí décimo
dìsì quarto
dísīkē discoteca
dìtǎn carpete; tapete
dìtiě metrô
dìtiě zhàn estação de metrô
dìtú mapa
diū perder
dìwǔ quinto
dìyī primeiro
dìzhǐ endereço
dǒng: nǐ dǒngle? você compreende?
  wǒ bù dǒng eu não compreendo
dōng leste
dòng buraco; furo
dōngběi nordeste
dōngbiān no leste

dōngnán sudeste
dǒngshì diretor
dōngtian inverno; no inverno
dòngwù animal
dòngwùyuán jardim zoológico
dōngxi coisa
dōu ambos; todos
dǒu íngreme
dú ler
duǎn curto
duǎnkù shorts
duànle quebrado
duǎnwà meias
duì certo, correto; em direção a; quanto a; fila; lado
duìbuqǐ sinto muito; desculpe-me
duìfāng fùkuǎn chamada a cobrar
duìhuàn trocar (dinheiro)
duìhuànlǜ taxa cambial
duìjíle! exatamente!
duìle sim; é isso aí; está certo
duō muito; mais que
  duōde duō muito mais
duōle:-... duōle muito mais...
duōshao? quanto?; quantos? (se a provável resposta for mais de dez)
duōxiè muito obrigado
duō yíbèi o dobro
duō yìdiǎnr um pouco mais
duōyòng chātóu adaptador
dúpǐn drogas: narcóticos
dǔzhùle bloqueado; interrompido

E

è com fome
Éguó Rússia; russo (adj)
èr dois
èrbăi duzentos
èr děng segunda classe
ěrduo orelha; ouvido
ěrhuán brincos
ěr lóng surdo
èrlóu primeiro andar
èrshí vinte
értóng crianças
èrwàn vinte mil
érxí nora
èryuè fevereiro
érzi filho
ěxīn nojento; enjôo

F

Făguó França; francês (adj)
fán chateado
fàn refeição
fàndiàn restaurante grande; hotel de luxo
făng imitação
fàng pôr; colocar
fāngbiàn conveniente
fángdǐng telhado; teto
fángfǔjì anti-séptico
fángjiān quarto
fànguănr restaurante pequeno
fāngxiàng direção
fángzi prédio; casa
fángzū aluguel
fànwăn tigela de arroz
fānyì traduzir; tradução; tradutor
fāshēng acontecer
fēi voar
fēicháng muito, extremamente
fēijī avião
 zuò fēijī de avião, por via aérea
fēijīchăng aeroporto
fèixū ruínas
féizào sabão; sabonete
fēi zhèngshì informal
fēn minuto
fēng maluco, louco; vento; palavra-medida usada para letras
fēngjǐng cenários; atrações
fēngshàn ventilador
fēngsú costume
fěnhóng cor-de-rosa
fēnjī extensão
fēnkāi separado
fēnzhōng minuto
Fó Buda
Fójiào budismo; budista
fù(qián) pagar
fūfù casal
fùjiāfèi suplemento, taxa extra
fùjìn perto
fùmǔ pais
fùnǚ mulher
fùqin pai
fūren senhora
fúshǒu cabo; alça
fúwùtái recepção
fúwùyuán recepcionista
fùzá complicado

G

gàir tampa
gālí curry
gān seco; fígado
gǎn pegar, apanhar
gānbēi! saúde!
gāngbǐ caneta
gángkǒu porto
gānjìng limpar
gǎnjué sentir
gǎnmào resfriado
gǎnrǎn infecção
gāo alto, elevado
gāodiǎndiàn confeitaria
gāomíng brilhante
gāoxìng contente, satisfeito
 hěn gāoxìng jiàndào nǐ prazer em conhecê-lo
ge palavra-medida* genérica
gē canção
gēbo braço
gēbozhǒu cotovelo
gēchàngjiā cantor
gēge irmão mais velho
gěi dar; para
gējù ópera
gēn com
gèng:-... gèng ainda mais...
 gèng hǎo melhor; ainda melhor
Gòngchándǎng Partido Comunista
Gòngchándǎngyuán membro do Partido Comunista
gōngchǎng fábrica
gòngchánzhǔyì comunismo
gōngchǐ metro
gōngdiàn palácio
gōnggòng cèsuǒ banheiro público
gōnggong pópo parentes por afinidade por parte da esposa
gōnggòng qìchē ônibus urbano
gōnggòng qìchē zhàn ponto de ônibus
gōnggòng qìchē zǒngzhàn terminal de ônibus
gōngjià feriado
gōngjīn quilo
gōnglǐ quilômetro
gōnglù rodovia
gōngsī empresa; firma
gōngxǐ! gōngxǐ! parabéns!
gōngyuán parque
gōngzuò tarefa; trabalho
gǒu cachorro
gòu(le) bastante; suficiente
guài peculiar
guān fechar
guàn jarra
guángchǎng praça
Guǎngdōng cantonês
Guǎngdōnghuà cantonês (idioma)
Guǎngdōng rén cantonês (pessoa)
guānkǒu passo; desfiladeiro (montanhas)
guānle fechado
guānménle fechado
guānshang le desligado; apagado
guàntou lata
guānyú sobre; referente
gúdǒng antigo

gūgu tia (irmã do pai)
guì(le) caro
guìzi armário
-guo sufixo verbal que indica uma experiência passada
guóhuà pintura chinesa
guójí nacionalidade
guójì internacional
guójiā país, nação; nacional, estado
guòle além
guòmǐn alérgico
guòqu no passado
guòshí(de) antiquado; fora de moda
guówài no exterior
guòyè noturno
gútou osso
gùyì deliberadamente
gǔzhé fratura

H

hǎi mar
hái parado; imóvel
 hái hǎo ma? você está bem?
hǎibiānr mar; beira-mar
hǎibīn litoral
hǎiguān alfândega
háishi ou
hǎitān praia
hǎiwān baía
háizi criança
hǎn gritar
hángbān vôo
hángbān hào número do vôo
hángkōng por via aérea
hángkōng xìnfēng envelope aéreo

Hànyǔ chinês (idioma falado)
hǎo bom; gentil; tudo bem
 hǎo, xièxie sim, por favor
hǎochī delicioso
háohuá luxuoso; chique
hǎojíle ótimo; maravilhoso; excelente
hǎokàn atraente
hàomǎ número
hǎo yìdiǎnr melhor
hé e; rio
 hé-... yìqǐ junto com...
 ... hé-... dōu bù-... nem... nem...
hē beber
hēi preto
hēi àn escuro
hélǐ razoável
hěn muito
hěnduō muito; uma porção
hěnkuài di depressa
hézi caixa
hēzuìle bêbado
hóngsède vermelho
hóngshuǐ enchente
hòu grosso; espesso
hòulái mais tarde
hóulóng garganta
hòumian atrás
 zài hòumian na parte de trás
 zài-... hòumian atrás de...
hòutiān depois de amanhã
hú lago
huā flor
huà pintura; tela; quadro
huāfèi gastar
huài mau
huàile quebrado
huáiyùn grávida

huáji engraçado
huàjù peça (teatro)
huáng amarelo
huángdì imperador
huángfēng vespa
huángjīn ouro
huángsè amarelo
huānyíng dào-... bem-vindo a...
huāpíng vaso
huàr pintura; quadro
huàxiàng retrato
huāyuán jardim
huì reunião; conferência
huílai voltar
huīsède cinza (cor)
huítóujiàn até mais tarde
huìyì reunião; conferência
hūnlǐ casamento (a cerimônia)
huǒ incêndio; fogo
huǒchái fósforos
huòchē van
huǒchē trem
 zuò huǒchē de trem
huǒchēzhàn estação de trem
huǒzāi fogo; incêndio
huòzhe-... huòzhe-... ou... ou...
huòzhě ou
hùshi enfermeiro
hútòng viela; rua lateral
hùzhào passaporte
húzi barba

J

jì postar; pôr no correio
jǐ alguns
jiā casa; lar
 zài jiā em casa
jiàgé preço
jiǎn cortar
jiàn palavra-medida★ usada para coisas, negócios etc.
Jiānádà Canadá; canadense
jiānbǎng ombro
jiǎndān simples, fácil
jiāng rio
jiǎng falar
jiānglái futuro; no futuro
jiànkāng saudável
jiànzhù prédio
jiǎnzi tesoura
jiǎo pé (humano)
jiào chamar; cumprimentar
jiāochākǒu cruzamento
jiáodǐ sola (do pé)
jiǎo gēn calcanhar
jiāojuǎnr filme (para câmera)
jiāoqū subúrbio
jiāoqūchē ônibus (de subúrbio)
jiàotáng igreja
jiāotōng tú mapa de ruas
jiāoyì huì exposição; feira de negócios
jiáozhǐtou dedo do pé
jiàqī férias
jiàqián custo
jiātíng família
jiǎyá dentadura
jiāyóu zhàn posto de combustível
jiàzhí valor
jiàzi prateleira
jíbìng doença
jīchǎng bānchē ônibus para o aeroporto
jiē(dào) avenida; rua

jiè emprestar
jiěfū cunhada (irmã mais velha do marido)
jiéhūn casado
  nǐ jiéhūnle ma? você é casado?
jiějie irmã mais velha
jiémùdānr programa
jiérì festival
jiēshi forte
jièzhi anel
jīfèi diànhuà telefone público
jǐge alguns
  jǐge? quanto?; quantos? (se a resposta provável for dez ou menos)
jíjiù primeiros socorros
jíjiùxiāng kit de primeiros socorros
jìn perto
jǐngchá polícia; policial
jīngcháng muitas vezes; com frequência
jīngguò através; por meio de
jīnglǐ gerente
jǐngr vista
jīngrén de espantoso
jìngzi espelho
jīnhuángsè loiro
jìniànbēi monumento
jìniànpǐn suvenir
jǐnjí(de) urgente
jǐnjǐn só; apenas
jīnshǔ metal
jīntian hoje
  jīntian wǎnshang esta noite
jìntóu fim (de rua etc.)
jīnwǎn esta noite

jīnzi ouro
jīqì máquina
jìshi-... yě mesmo se...
jìsuànjī computador, calculadora
jiǔ nove; álcool; bebida alcoólica
jiù há pouco; então; segunda mão
  jiù yìdiǎnr só um pouco
  jiù yìhuǐr só um minuto
jiǔbǎi novecentos
jiǔbājiān bar
jiùde segunda mão
jiùhùchē ambulância
jiùjiu tio (irmão da mãe)
jiǔshí noventa
jiǔyuè setembro
juǎnqūde crespo; encaracolado
jué búhuì nunca (em relação ao futuro)
juéde sentir
juédìng decidir; decisão
juéduì bàng perfeito
juéduìde sem dúvida!
júhuángsè laranja (cor)
jùlí distância
jùyuàn teatro

K

kǎchē caminhão
kāfēi diàn café
kāfēiguǎnr café
kāi aberto
kāichē dirigir; guiar
kāide aberto
kāile aberto

kāishǐ começar, iniciar; ligar; começo, início
 yī kāishǐ no início
kāishuǐ água fervida
kànbào ler (jornal)
kàngjūnsù antibiótico
kànjian ver
kànshū ler (livro)
kànyikàn dar uma olhada
kào perto
kǎoshì exame
kǎoxiāng forno
kè lição; grama (peso)
kē palavra-medida* usada para árvores etc.
kěài encantador
kěnéng talvez; possível
kěpà horrível
kèqi bem-educado
kèrén hóspede; convidado
kěshì mas
késou tosse
kètīng saguão
kěyi ser capaz
 kěyi qǐng sim, por favor
 nín kěyi-... ma? poderia...?
kōng vazio
kōngjiān espaço (área)
kōngqì ar
kōngtiáo ar-condicionado
kǒukě com sede
kǔ amargo
kū chorar
kuài rápido; nítido; logo; palavra-medida* usada para inteiros ou partes
kuài chē expresso (trem)
kuàidì expressa (carta)
kuài diǎnr! apresse-se!

kuàilè feliz
kuàir pedaço
kuàizi pauzinhos; palitinhos
kuān de amplo
kuāng cesto
kuánghuānjié carnaval
kùchǎ cueca
kūnchóng inseto
kùnle sonolento
kùnnan difícil; dificuldade
kùzi calça comprida

L

là apimentado; quente
lā puxar
lái vir; chegar
láide: nǐ shì cóng nǎr láide? de onde você vem/é?
láihuí piào bilhete de ida e volta
lājī bobagem; lixo
lājīxiāng lata de lixo
lán azul
lǎn preguiçoso
lánzi cesto
lǎo velho
lǎolao avó (materna)
lǎoniánrén cidadão da terceira idade
lǎoshī professor
lǎoshǔ rato; camundongo/mouse
Lǎowō Laos
lǎoye avô (materno)
làzhú vela
le partícula que indica, na frase, algo do passado que ainda é importante no

presente ou uma mudança de circunstâncias no presente ou no futuro
-le sufixo verbal que indica o término de uma ação
lèi cansado
léiyǔ temporal
lěng frio
li: zài-... li dentro de...
lí de, a partir de; para; pêra
-lǐ dentro
liǎn rosto
liǎng dois
liàng palavra-medida* usada para veículos
liǎngcì duas vezes; dobro
liǎngge dānrénchuáng camas separadas
liǎngge dōu ambos
liǎngge dōu bù nenhum deles
liǎngge xīngqī quinzena
liángkuai frio; fresco
liángxié sandália
liánkùwà meia-calça; colante
liánxi contatar
liányīqún vestido
liányùn conexão
liǎobuqǐ incrível; surpreendente
lièchē shíkè biǎo horário (de trem)
lièzhì pobre
lǐfà corte de cabelos
lǐfàdiàn salão de cabeleireiro
lǐfàshī cabeleireiro; barbeiro
líhūn divorciado
límǐ centímetro
límíng amanhecer; alvorada
líng zero

lǐng levar (alguém a algum lugar)
lǐng gravada
língqián trocado (dinheiro)
lìngrén yúkuài agradável
lǐngshìguǎn consulado
lìngwài outro; diferente
lǐng yánglǎojīn de rén aposentado; pensionista
lìng yíge outro; diferente; aquele outro
línyù chuveiro
    dài línyù com chuveiro
lìrú por exemplo
liù seis
liùbǎi seiscentos
liúgǎn gripe
liúlì fluente
liùshí sessenta
liúxíng popular; da moda
liúxíngxìng gǎnmào gripe
liúxíng yīnyuè música pop
liùyuè junho
lǐwù presente (brinde)
lìzi exemplo; castanha
lóng dragão
lóu piso; andar; edifício (com mais de um andar)
lóushàng em cima; no andar de cima
lóutī escada
lóuxià embaixo; no andar de baixo
lǚxíng viagem; passeio; excursão
lǚxíngshè agência de viagens
lǚxíngzhě turista
lǚxíng zhīpiào cheque de viagem
lǚyóuchē ônibus de turismo

lǚyóuzhě turista
lǚguǎn hotel pequeno
lǜsède verde
lù estrada; caminho
lúntāi pneu
lúnzi roda
lùtiān ao ar livre
lùxiàn percurso; trajeto
lùxiàngdài videoteipe
lúzào fogão

M

ma? partícula interrogativa
mā mãe
mǎ cavalo
mà criticar, ofender, xingar
máfan problema
mǎi comprar
mài vender
mǎimài negociação
mǎn cheio
màn lento; lentamente, devagar
 hěn màn muito devagar
 màn diǎnr! mais devagar!
mángmang ocupado
māo gato
máobèixīn pulôver
máojīn toalha
màopáirhuò falso
máotǎn cobertor
máoyī suéter
màozi chapéu; boné
mǎshàng imediatamente
mǎtóu píer
Máo zhǔxí Presidente Mao
měi cada; bonito
méi não; não é; não tem

mèifū cunhado (marido da irmã mais nova)
méi-...-guò nunca tem
měige todos
měige dìfāng em todos os lugares
měige rén todo mundo
méi guānxi não se preocupe; não tem importância
Měiguó Estados Unidos; americano
měijiàn shìqíng tudo
měijiàn shìr tudo
méi jìnr enfadonho; chato
měilì bonito
mèimei irmã mais nova
méiqì gás
měirén todos
méishìr le seguro
měishùguǎn galeria de arte
měitiān todos os dias
méi wǎnshang por noite
méi wèntí! sem problema!
méixiǎngdào incrível, surpreendente
měiyīge cada
měiyīge rén todos
méiyǒu não; sem
-men sufixo que indica plural
mén porta
Ménggǔ Mongólia; mongol
mǐ metro; arroz cru
Miǎndiàn Mianmá; birmanês
miǎn fèi de graça, gratuito
miánhuā algodão
miǎnshuì produtos do duty-free
miǎo segundo (tempo)

míngbai: wǒ míngba le entendo
míngpiàn cartão de visita
míngtian amanhã
  míngtian zǎoshang amanhã de manhã
míngxìnpiàn cartão-postal
míngzi nome; primeiro nome
mòduān fim
mótuōchē bicicleta motorizada
mǒudì em algum lugar
mùdì cemitério
mùdìdì destino
mùjiān xiūxi intervalo (de teatro)
mǔqīn mãe
mùtou madeira

N

ná levar; trazer
nà aquele; aquele lá; o
nǎinai avó (paterna)
nǎiniú vaca
nǎli? onde?
nán sul; duro, difícil; homem
nán cèsuǒ toalete masculino
Nánfāng no sul
Nánfēi África do Sul; sul-africano
nán fúwùyuán garçom; comissário de bordo
nánguò triste
nánhái menino
nánkàn feio
nán péngyou namorado
nánrén homem

nǎr? onde?
  zài nǎr? onde está/fica?
  nǐ qù nǎr? aonde você vai?
nàr lá; ali
nà shí então; naquele momento
  nà shi-... ma? isso é...?
  nà shì shénme? o que é isso?
názhe segurar
ne partícula que, na frase, dá ênfase ou transmite a idéia de "e quanto a...?"
nèi aquele; aquele lá
  nèi? qual?
nèidì cunhado (irmão mais novo da esposa)
nèige esse; esse aí
nèige shíhou então; naquele momento
nèixiōng cunhado (irmão mais velho da esposa)
nèi yíge esse aí
néng: nǐ néng-... ma? você pode...?
  wǒ bù néng-... eu não posso...
nǐ você (sing)
niàn ler (em voz alta)
nián ano
niánjì idade
  nín duō dà niánjì le? qual a sua idade?
niánlíng: nín duō dà niánlíng? qual a sua idade?
niánqīng jovem
niǎo pássaro
niàobù fralda
Níbóěr Nepal; nepalês
nǐde seu; sua (sing)

nǐ hǎo olá; oi; como vai?
 nǐ hǎo ma? como vai?
nǐmen vocês (pl)
nǐmende seus; suas (pl)
nín o(a) senhor(a) (sing, pol)
nínde do senhor; da senhora (sing, pol)
niúzǎikù jeans
nóng forte (bebida)
nóngchǎng fazenda
nóngcūn campo
nǚ'ér filha
nǚ cèsuǒ toalete feminino
nǚ chènshān blusa
nǚ fúwùyuán garçonete; camareira; comissária de bordo
nǚ háir menina
nǚpéngyou namorada
nǚshì senhora
nǚzhāodài garçonete
nuǎnhuo quente; ameno
nuǎnqì aquecimento; aquecimento central; aquecedor

O

Ōuzhōu Europa; europeu

P

pàichūsuǒ delegacia de polícia
pán palavra-medida* usada para pratos
pàng gordo
páng lado

pángbiān: zài-... pángbiān próximo a...; perto de...
pánzi prato
pǎo correr
péngchē van
pèngtóu dìdiǎn local de encontro
péngyou amigo
pēnquán fonte
piányi barato
piào bilhete; bilhete simples; bilhete de ida
piàoliang bonito; lindo
pífu pele
pígé couro
píng'ān seguro
píngcháng comum; normal
pīngpāngqiú tênis de mesa
píngtǎn plano; chato
píngzi garrafa
pǔtōng comum
Pǔtōnghuà mandarim

Q

qī sete
qián dinheiro
qiánbāo carteira; bolsa
qiānbǐ lápis
qiánbianr: zài qiánbianr em frente; na frente de
qiáng parede; muro; muralha
qiángjiān estupro
qiāngle assaltado
qiánmiàn em frente
qiántiān anteontem
qiántīng saguão

qiānwàn dez milhões
qiánxiōng seio; busto; peito; tórax
qián yì tiān o dia anterior
qiānzhèng visto
qiānzì assinatura
qiáo ponte
qiǎokèlì chocolate
qiāozhúgàng exploração; roubo
qībǎi setecentos
qìchē carro
 zuò qìchē de carro
qìchē chūzū aluguel de carro
qìchē zǒngzhàn terminal de ônibus (urbano)
qìchē xiūlǐchǎng oficina (conserto)
qǐchuáng levantar da cama (de manhã)
qiē cortar
qǐfēi shíjiān partida; saída (horário de vôo)
qíguài(de) esquisito; estranho
qí mǎ cavalgar
qīng leve
qǐng por favor; pedir, solicitar
qīngdàn suave (sabor)
qǐng jìn entrar
qīngshàonián adolescente
qīngxīn fresco, recente, claro
qióng pobre
qīshí setenta
qítā outro
qǐtǐng barco a motor
qiú bola
qiúmí torcedor
qiúpāi raquete

qiūtian outono; no outono
qìxiè equipamento
qìyóu gasolina
qīyuè julho
qīzi esposa
qí zìxíngchē de rén ciclista
qù ir; para
qǔ pegar; buscar, extrair
quánbù tudo; o todo; o lote todo
quánguó nacional; de âmbito nacional
qùnián ano passado
qúnzi saia (roupa)

R

ránhòu após; depois
rè quente; calor
rèdù temperatura; febre
rèle quente
rén pessoa
 wǒ shì-... rén eu sou de...
rènao movimentado
rēng atirar; jogar
rènhé qualquer
rènhé rén qualquer pessoa
rènhé shénme qualquer coisa
rénkǒu população
rénmín pessoas; povo
rénqún multidão
rènshi saber; reconhecer
rénxíng dào calçada, passeio
rénxíng héngdào faixa de pedestres
rèshuǐpíng garrafa térmica
Rìběn Japão
rìjì diário

róngyì fácil
ròu carne
ruǎn macio; mole
ruǎnpán disco
ruǎnwò leito macio (de trem)
ruǎnzuò assento macio (de trem)
rúguǒ se
Ruìdiǎn Suécia
rùkǒu entrada
ruò fraco

S

sāi face; bochecha
sāizi tampa (de pia)
sān três
sānbǎi trezentos
sānděng terceira classe
sǎngzi quinta-feira
sānjiǎokù calcinha
sānshí trinta
sānyuè março
sēnlín floresta
shā areia; matar
shāfā sofá
shǎguā idiota
shàiyīshéng varal de roupa
shān montanha; morro
shāndòng caverna
shàng em cima; acima
  zài-...-shàng acima de...;
  no alto de...
shàngdì Deus
shāngdiàn loja
shàngmian: zài-... shàngmian sobre...
shàngtou: zài-... shàngtou no topo de...
shāngǔ vale
shǎnguāngdēng flash (de câmera)
shàngwǔ das 9h até as 12h
shāngxīn triste
shàng xīngqī na semana passada
shàngyī jaqueta; paletó
shàng yícì última vez
shànzi leque
shǎo menos
shāoshāng queimadura
shǎoshù mínzú nacionalidade (de minorias chinesas)
shǎoyú inferior a: menos de
sháozi colher
shēchǐ luxo
shéi? quem?
shéide? de quem?
shēn profundo
shēng nascer; litro
shēng bìngle doente
shèngdàn jié Natal
shēngqì zangado
shēngrén estranho
shēngrì nascimento
shēngyi negócio
shēngyīn voz
shéngzi barbante; corda
shénjīngbìng louco
shénkān santuário
shénme algo; alguma coisa
shénme? o quê?
shénme shíhòu? quando?
shénme yàng de-...? que tipo de...?
nǐ shuō shénme? como?; com licença?

shénme yě méiyǒu nenhum, nada
shēntǐ corpo
shèshì centígrado
shì ser; é; são; era; será; sim, é o caso
shì-... ma? isso é...?
shí dez
shī molhado
shíbā dezoito
shìchǎng mercado
shìde sim, é o caso
shí'èr doze
shí'èr yuè dezembro
shìgù acidente
shíhou: zài-... de shíhou durante...
shíjiān tempo
shíjiānbiǎo horário
shìjiè mundo
shíliù dezesseis
shímáo na moda
shìnèi dentro de casa; em ambiente fechado
shípǐn diàn mercearia
shíqī dezessete; período (de tempo)
shìqūchē ônibus urbano
shìr coisa; questão
shísān treze
shísì catorze
shíwàn cem mil
shíwù comida
shíwǔ quinze
shíwù zhòngdú intoxicação alimentar
shíyī onze
shíyīyuè novembro
shíyuè outubro

shìzhèngfǔ dàlóu prefeitura
shì zhōngxīn centro da cidade
shízì lùkǒu cruzamento; encruzilhada
shǒu mão
shòu magro
shòu huānyíng popular
shòuhuòtíng quiosque
shōujù recibo
shǒujuànr lenço
shòupiàochù bilheteria
shòushāng machucado; ferido
shǒushi jóias
shǒushù operação
shǒutào luva
shǒutíbāo bolsa
shǒutíxiāng valise; mala
shǒutí xíngli bagagem de mão
shǒuwànr pulso
shǒuxiān de início
shōuyīnjī rádio
shǒuzhǐ dedo; papel higiênico
shǒuzhuó pulseira
shū livro
shú maduro
shù árvore
shuāng duplo
shuāngrén chuáng cama de casal
shuāngrén fángjiān quarto de casal
shūdiàn livraria
shūfu bem; confortável
shuǐ água
shuǐchí pia; piscina
shuǐguǎnr cano
shuǐguǒ fruta

shuìjiào dormir; adormecido
shuǐlóng tóu torneira
shuìqún vestido de noite
shuìyī pijama
shùlín bosque; floresta
shuō dizer
shuōhuà falar; conversar
shuōmíngshū folheto
shūshu tio (irmão mais novo do pai)
shùzì número
sǐ morrer; morto
sì quatro; templo budista
sìbǎi quatrocentos
sīchóu seda
sì fēn zhī yī um quarto
sījī motorista
sǐle morto
sīrén(de) particular; privativo
sìshí quarenta
sǐwáng morte
sìyuàn mosteiro budista
sìyuè abril
sòng entrega; envio
sòng fàn fúwù serviço de quarto
sòngxìn entrega (correio)
suān azedar; azedo
suānténg dor
Sūgélán Escócia; escocês
suíbiàn informal
suídào túnel
suīrán apesar
sùliào plástico
sùliàodài saco/sacola de plástico
sūnnǚr neta (filha do filho)
sūnzi neto (filho do filho)

suǒ trancar; trancado; palavra-medida* usada para edifícios
suǒyǒu de dōngxi tudo
sùshàir de liso, sem desenhos
sùxiàng estátua

T

tā ele; ela; isso; lhe
tǎ pagode
tāde seu; sua; dele; dela
tài muito (em excesso)
 tài duō demais
Tàiguó Tailândia
tàihǎole fantástico; bem-feito
tài shòu magricela
tàiyáng sol
tàiyángjìng óculos de sol
tāmen eles; elas; lhes
 tāmen quánbù todos eles
tāmende dele; dela
tān guloso; ganancioso
tángdì primo (filho do irmão do pai)
tángjiě prima (filha do irmão do pai)
tángkuàir doces; balas
tángmèi prima (filha do irmão do pai)
tángniàobìng diabético
tángxiōng primo (filho do irmão do pai)
tǎnzi cobertor
táoqì louça
tàoshān pulôver

tàozhuāng conjunto (roupa)
tèbié especialmente
téng dor; doloroso
tiān dia; céu
tián doce (sabor)
tiándì campo
tiānqi clima; tempo
tiáo palavra-medida★ usada para peixes e objetos longos e estreitos
tiàowǔ dançar
tiàozǎo pulga
tiělù estrada de ferro
tíng parar
tíngchē estacionar
tíngchēchǎng garagem; estacionamento
tíngdiàn corte de energia; falta de luz
tíngzi pavilhão
tíqián com antecedência
tìxūdāo aparelho de barbear
tǐyùguǎn ginásio; academia
tǒng balde
tóngyì concordar
tóu cabeça
tōu roubar
tóufa cabelos
tóujīn lenço de cabeça
tòumíng jiāobù fita adesiva
tóuténg dor de cabeça
tóuyūn tontura; desmaio
tú'àn padrão; desenho
tuán grupo
tuántǐ grupo
tuì cancelar
tuǐ perna
tuī empurrar
tuìkuǎn reembolso

túpiàn quadro
tūrán de repente

W

-wài externo
wàigōng avô (materno)
wàiguó do exterior
wàiguó rén estrangeiro
wàimian externo
wàipó avó (materna)
wàisūn neto (filho da filha)
wàisūnnǚr neta (filha da filha)
wài sūnzi neto (filho da filha)
wàitào jaqueta; paletó
wàiyī jaqueta; paletó
wǎn'ān boa-noite
wǎn tarde (da noite)
wàn dez mil
wǎncān jantar
wǎndiǎn atraso; demora
wǎnfàn refeição da noite; jantar
wàng esquecer
wǎng em direção a; rede (em esporte)
wǎnhuì festa
wánjù brinquedo
wánquándì completamente
wánr jogar
wǎnshang noite; à noite
  jīntian wǎnshang esta noite
wánxiào piada
Wēi'ěrshì galês
wéi alô
wèi por causa de; estômago; palavra-medida★ usada formalmente para se referir

às senhoras, aos cavalheiros, aos convidados etc.
wèidao sabor
Wēiěrshì Gales
wèihūnfū noivo
wèihūnqī noiva
wéijīn echarpe
wèir gosto; cheiro
wèishēngjīn absoventes higiênicos
wèishēngzhǐ papel higiênico
wèishénme? por quê?
 wèishénme bù? por que não?
wēixiǎn perigoso
wèn perguntar
wénhuà dà gémìng Revolução Cultural
wénjiàn documento
wèntí problema; questão
wènxùnchù balcão de informações
wénzhàng mosquiteiro
wénzi mosquito; pernilongo
wǒ eu; me
wǒde meu; minha
wǒmen nós; nos
wǒmende nosso; nossa
wòpù beliche; leito; berço
wòpù chēxiāng vagão-leito
wòshì quarto
wǔ cinco
wù neblina; névoa
wǔbǎi quinhentos
wǔfàn almoço
wùhuì equívoco; mal-entendido
wūjiǎor no canto de um cômodo

wǔshí cinquenta
wǔshù artes marciais
wǔyuè maio

X

xǐ lavar
xī peste
xiā cego
xià abaixo
 xià yícì próxima vez
 xià yíge próximo
 xià xīngqī próxima semana
 zài-...-xià menos de...
xiàba maxilar; queixo
xià chē sair
xiàge próximo
xiàmian: zài-... xiàmian sob...
xiàn linha; fio
xiān: nǐ xiān qǐng você primeiro (dando passagem)
xiàndài moderno
xiǎng querer; pensar
xiāngdāng muito; bastante
 xiāngdāng duō muito
xiàngdǎo guia
Xiānggǎng Hong Kong
xiàngjiāo borracha
xiāngjìn de similar
xiàngliàn colar
xiàngpí borracha (de apagar)
xiàngqí xadrez
xiāngshuǐr perfume
xiāngxìn acreditar
xiāngyān cigarro
xiànqián dinheiro vivo

xiānsheng senhor
xiānyàn claro; vivo (cor)
xiànzài agora
xiào rir; sorrir
xiǎo pequeno; pouco; justo, apertado
xiāofángduì bombeiros
xiǎofèi taxa de serviço; gorjeta
xiǎo húzi bigode
xiǎojiě senhorita
xiǎolù caminho
xiǎo qìchē carro
xiǎo sānjiǎokù calcinha
xiǎoshān morro
xiǎosháor colher
xiǎoshí hora
xiǎoshū cunhado (irmão mais novo do marido)
xiāoxi informação
xiǎoxī riacho
xiǎoxīn! cuidado!
xiáozǔ grupo
xiàshuǐdào cano de drenagem
xiàtian verão; no verão
xiàwǔ tarde; à tarde
 jīntian xiàwǔ esta tarde
xià yíge ao lado
Xībānyá Espanha; espanhol
xīběi noroeste
xībiānr no Ocidente
xīcān comida em estilo ocidental
xīcāntīng restaurante em estilo ocidental
xiě sangue; escrever
xié sapato; calçado

xiē um pouco
 ...xiē um pouco mais de...
xiédǐ sola (de sapato)
xié hòugēn salto (de sapato)
xièxie obrigado(a)
 xièxie, wǒ bú yào não agradeço
Xīfāng Ocidente; no Ocidente; ocidental
Xīfāng de ocidental
xīgài joelho
xǐhǎo de yīfu roupa lavada
xǐhuan gostar
xìn carta; recado
xīn novo
xī'nán sudoeste
xìnfēng envelope
xíng tudo bem
xìng sobrenome
xìnggǎn sensual; sexy
xìngkuī felizmente
xíngle tudo bem
xǐngle acordar
xíngli bagagem
xīngqī semana
xīngqī'èr terça-feira
xīngqīliù sábado
xīngqīsān quarta-feira
xīngqītiān domingo
xīngqīwǔ sexta-feira
xīngqīyī segunda-feira
xìngqu interesse
xīngxing estrela
xìnhào sinal
xìnshǐ guia de turismo
xīnwén notícias (de rádio, de TV etc.)
xīnxiān fresco (comida)
xìnxiāng caixa de correio

Xīnxīlán Nova Zelândia
xìnyòng kǎ cartão de crédito
xīnzàng coração
xiōng peito
xiōngdì irmão
xiōngkǒu peito
xiōngzhào sutiã
xiōngzhēn broche
xìshéng barbante
xīshì estilo ocidental
xiūlǐ conserto
xiūxiéjiàng sapateiro
xiūxiépù sapataria
xiūxishì saguão
xiūxītīng foyer (teatro)
xiùzhēn fàngyīnjī walkman®
xiùzi manga (roupa)
xīwàng esperança
xǐyīdiàn lavanderia
xǐyījī máquina de lavar roupa
xǐyǐnrén atraente
xīyǒu raro; incomum
Xīzàng Tibete
xǐzǎo tomar banho
xǐzǎojiān banheiro
xuǎn escolher
xuányá rochedo
xǔduō muito; bastante
xuě neve
xuějiā charuto
xuéqī período escolar
xuésheng estudante
xuéxí aprender
xuéxiào escola
xuéyuàn faculdade
xuēzi bota
xǔkě zhèng permissão
xūyào precisar

Y

yá dente
yágāo pasta de dente
yājīn depósito
yákē dàifu dentista
yákē yīshēng dentista
yān fumaça; fumar
 nǐ chōu yān ma? você fuma?
yāndǒu cachimbo
yǎng coceira
yángguāng luz do sol
yángmáo lã
yángsǎn guarda-sol
yángtái balcão
yángwáwa boneca
yànhuì banquete
yǎnjing olho
yǎnjìng óculos
yǎnjìngdiàn oculista
yǎnkē yīshēng oculista
yánsè cor
yǎo picada (de inseto)
yāo cintura; um
yào querer; droga; medicina chinesa
 nǐ yào shénme? o que você quer/deseja?
yàobùrán senão
yāodài cinto
yàodiàn farmácia
yáodòng caverna (moradia)
yàofāng receita
yàogāo pomada
yàomián algodão hidrófilo
yāoqǐng convite; convidar
yǎoshāng mordida
yàoshi chave
yáshuā escova de dente

yáténg dor de dente
yě também
yè noite; página
yèli à noite
yéye avô (paterno)
yèzǒnghuì boate
yi um
yìbǎi cem
yíbàn metade
yìbāo pacote
yìbēi xícara
yīcéng térreo
yícì uma vez
  xià yícì próxima vez
yìdá dúzia
yídàkuàir pedaço grande
yīděng pacote primeira classe
yìdiǎnr pedaço pequeno
  ...yìdiǎnr mais um pedaço de...
yìdiǎnrdiǎnr minúsculo
yídìng definitivamente
yīfu vestido; roupas
yíge um
  nǎ yíge? qual deles?
yígerén só
yígòng totalmente
yí guànr lata
yǐhòu depois
yíhuìr logo
yǐjīng já
yíkè quinze minutos
yíkuàir pedaço
yīlǐng gola; colarinho
yī lóu térreo
yílù shùnfēng! boa viagem!
yímā tia (irmã da mãe)
yīmàojiān chapelaria
yímǔ tia (irmã da mãe)

yín(zi) prata
Yìndu India; indiano
yìng duro; rijo
yīngbàng libra esterlina
yìngbì moeda
yīng'ér bebê
Yīngguó Inglaterra; Grã-Bretanha; inglês; britânico
Yīngguóde inglês; britânico
yìngwò leito rijo
Yīngyǔ inglês (idioma)
yìngzuò assento rijo
yínháng banco
yínshuǐ lóngtóu fonte (para beber)
yīnwèi porque
yǐnyòngshuǐ água potável
yīnyuè música
yīnyuèhuì concerto
yìqǐ junto
yǐqián:-... yǐqián antes de...
yìqiān mil
yíríyóu passeio de um dia
yīsheng médico
yìshù arte
yíwàn dez mil
yǐxià: zài-... yǐxià inferior a; menos de
yìxiē alguns
yí yì cem milhões
yīyuàn hospital
yīyuè janeiro
yìzhí cháoqián sempre em frente
yǐzi cadeira
yòng com; por meio de; usar; em
yōngjǐ lotado

yǒu ter; tem; têm
yǒu-... ma? tem...?; têm...?
yòu direito (não esquerdo)
yòubiānr direito
yǒubìng doente
yǒudúde tóxico, venenoso
yǒuguǐ diànchē bonde
yǒuhǎo simpático
yóujì postar
yóujiàn correspondência
yóujú agência do correio
yóulǎn passeio; visita
yǒu lǐmào educado; bem-educado
yǒu máobìng defeituoso
yǒumíng famoso
yóunì gordurosa, oleosa (comida)
yóupiào selo
yǒuqián rico
yǒurén alguém; noivo; ocupado
yǒushíhòu às vezes
Yóutàiren de judeu
yóuxì jogo
yǒuxiào válido
yòu yíge outro; mais um
yǒu yìsi interessante; engraçado; divertido
yóuyǒng nadar
yǒuyòng útil
yóuyǒngchí piscina
yóuzhèng biānmǎ código postal
yú peixe
yù jade
yǔ chuva
yuǎn longe

yuǎnchù: zài yuǎnchù à distância
yuánlái de usual; habitual
yuánzhūbǐ caneta esferográfica
yúchǔn estúpido
yùdìng reserva; reservar
yuè mês
yuèfù sogro
yuèfù yuèmǔ sogro e sogra (pais da esposa)
yuèliang lua
Yuènán Vietnã
yúkuài alegre, prazer
yúkuàide divertido, prazeroso
yùndòng esporte
yùndǒu ferro
yùnqi sorte
yǔsǎn guarda-chuva
yùshì banheiro
yǔyán língua
yǔyán kè curso de língua
yǔyī capa de chuva
yùyuē compromisso; hora marcada

Z

záhuòdiàn mercearia
zài em; sobre; estar num lugar; novamente
 zài nǎr? onde fica?
zài-... de shíhòu durante...
zài-... hòumian atrás de...
zàijiàn até logo
zài nàr ali em cima
zájì acrobacia
zài-...-li dentro de...

zài-...-pángbiān ao lado de...; vizinho a...
zài-...-shàng acima de...
zài-...-shàngmian sobre...
zài-...-xià sob...
zài-...-xiàmian embaixo de...
zài-...-yǐxià inferior a...; menos de...
zài-...-zhījiān entre...
zài-...-zhōng em meio a...
zāng sujo; nojento
zànglǐ funeral
zǎo bom-dia; cedo
  yì zǎo de manhã cedo
zǎofàn café-da-manhã
zǎopén banheira
zǎoshang manhã; de manhã (até as 9h)
  jīntian zǎoshang esta manhã
zàoyīn barulho
zázhì revista
zéi ladrão
zěnme? como?
  zěnme huí shìr? o que está acontecendo?; o que é que há?; o que há de errado?
  zěnme le? o que está acontecendo?
  zěnmele? qual é o problema?, o que há?
zhǎi estreito
zhāng palavra-medida★ usada para mesas, camas, bilhetes e folhas de papel
zhàngdānr conta
zhàngfu marido
zhāngláng barata (inseto)
zhàntái plataforma

zhànxiàn noivo
zhànzhù parar
zhǎodào encontrar
zhàopiàn fotografia
zhāotiē cartaz; pôster
zhàoxiàngjī câmera
zhá tǔdòupiànr batata frita
zhè esse; o
-zhe sufixo verbal que indica ação contínua ou duas ações que ocorrem ao mesmo tempo
zhèi este; este aqui
zhèicì desta vez
zhèige esse; esse aí
zhēn realmente
zhēnde verdadeiro; autêntico; certo
zhèngcháng(de) normal
zhèngfǔ governo
zhèngshì formal
zhēnguì(de) valioso
zhěngzhěng todo; completo
zhēnjiǔ acupuntura
zhēn láijìn emocionante
zhěnsuǒ clínica
zhèntou travesseiro
zhènyǔ chuveiro
zhēnzhèng autêntico
zhèr aqui
  zài zhèr por aqui
zhī palavra-medida★ usada para mãos, pássaros, valises e embarcações
zhīdao saber
  wǒ bù zhīdao eu não sei
zhífēi vôo direto
zhījiān: zài-... zhījiān entre...

zhíjiē direto
zhíjīn lenço de papel
zhíliàng qualidade
zhínǚ sobrinha
zhǐshi apenas; só
zhǐténgyào analgésicos
zhíwù planta
zhìxuě gāobù curativo
zhǐyǒu apenas; só
zhìzào fazer
zhízi sobrinho
zhì curar
zhǐ apenas; só; papel
zhōng relógio
-zhōng no meio; entre
  zài-...-zhōng em meio a...
zhòng pesado
zhǒng tipo; inchado
zhōngdiǎnzhàn terminal ferroviário
Zhōngguó China; chinês
  Zhōngguó rén chinês (pessoa)
  Zhōngguó rénmín o povo chinês
Zhōnghuá Rénmín Gònghéguó República Popular da China
zhōngjiān: zài zhōngjiān no meio
zhòngliàng peso
Zhōngshì estilo chinês
Zhōngwén chinês (idioma escrito)
zhōngwǔ meio-dia; ao meio-dia
zhōngxīn central; centro
zhòngyào importante
zhōngzhuǎn conexão
zhōumò fim de semana
zhù viver
  nín zhù nǎr? qual é o seu endereço?
zhuǎnxīn dìzhǐ novo endereço
zhújiàn de gradualmente
zhǔnbèi hǎo le pronto
zhù nǐ shùnlì! boa sorte!
zhuōzi mesa
zhǔyào de principal
zhúyì idéia
zhúzi bambu
zǐ roxo
zìdòng automático
zìdòng qǔkuǎnjī caixa automático
zìjǐ si mesmo
zìrán natural
zìxíngchē bicicleta
zìyóu livre
zìzhù self-service
zǒng sempre
zǒng fúwùtái balcão de recepção
zǒnggòng total
zǒngjī telefonista
zōngjiào religião
zōngsè marrom
zǒngshì sempre, frequentemente
zǒu partir; partida; ir
zǒuláng corredor
zǒuzou sair para caminhar
zū alugar
zuǐ boca
zuì bêbado
  zuì-... o mais...
zuǐba boca
zuì hǎo o melhor

zuìhòu finalmente; no fim
zuì huài o pior
zuìjìn recentemente; último, o último, o mais perto
zuò fazer, sentar
  zuò fēijī de avião
  zuò huǒchē de trem
zuǒbiānr lado esquerdo
zuò fānyì intérprete, traduzir

zuótiān ontem
  zuótiān wǎnshang na noite passada
  zuótian zǎoshang ontem de manhã
zuòwei assento; lugar
zuòxià sente-se
zuǒyòu aproximadamente
zúqiusài futebol (partida)

Chinês → Português
Placas e Avisos

Resumo

Aeroporto, Avião	181
Alfândega	185
Aluguel, Locação	187
Avisos em Portas	188
Banco, Dinheiro	182
Compras	190
Correio	189
Cultura Chinesa	183
Diversão	185
Edifícios Públicos	189
Elevadores	187
Emergência	185
Formulários	186
Hotéis	187
Medicamentos	187
Nome de Lugares	189
Ônibus e Táxi	182
País, Nacionalidade	184
Placas em Geral	181
Restaurantes, Bares, Cafés	190
Ruas e Estradas	191
Saúde	186
Telefones	188
Termos Geográficos	186
Toaletes	191
Trem e Metrô	192

Placas em Geral

危险 wēixiǎn perigo
请勿乱踏草地 qǐng wù luàntà cǎodì não pise na grama
军事要地请勿靠近 jūnshì yàodì, qǐng wù kàojìn zona militar, afaste-se
禁止入内 jìnzhǐ rù nèi proibida a entrada
外国人未经许可禁止超越 wàiguórén wèi jīng xúkě, jìnzhǐ chāoyuè além deste ponto, é proibida a presença de estrangeiros sem autorização
请勿随地乱扔果皮纸屑 qǐng wù suídì luànrēng guǒpí zhǐxiè não jogue lixo
请勿大声喧哗 qǐng wù dàshēng xuānhuá não faça barulho, por favor
禁止拍照 jìnzhǐ pāizhào proibido fotografar
请勿吸烟 qǐng wù xī yān proibido fumar
请勿随地吐痰 qǐng wù suídì tǔtán proibido cuspir
人行横道 rénxíng héngdào faixa/passarela de pedestres
肃静 sùjìng silêncio
一慢二看三通过 yī màn, èr kàn, sān tōngguò diminua a marcha, olhe e depois atravesse
闲人免进 xiánrén miǎn jìn somente para funcionários
楼下 lóuxià embaixo (andar)
楼上 lóushàng em cima (andar)

Aeroporto, Avião

机场 jīchǎng aeroporto
机场班车 jīchǎng bānchē ônibus para o aeroporto
来自 láizì chegando de
前往 qiánwǎng partindo para
起飞时间 qǐfēi shíjiān hora da partida
终点站 zhōngdiǎnzhàn destino
预计到达时间 yùjì dàodá shíjiān tempo estimado para a chegada
航班号 hángbānhào nº do vôo
预计时间 yùjì shíjiān horários
延误 yánwù atrasado
经停站 jīngtíngzhàn via (paradas de conexão)
国内航班进站 guónèi hángbān jìnzhàn chegadas domésticas
国内航班出站 guónèi hángbān chūzhàn partidas domésticas
国际航班进站 guójì hángbān jìnzhàn chegadas internacionais
国际航班出站 guójì hángbān chūzhàn partidas internacionais
登机牌 dēngjīpái cartão de embarque

日期 rìqī data
行李牌儿 xínglipáir controle de bagagem
行李领取处 xíngli língqǔchù retirada de bagagem
办理登机手续 bànlǐ dēngjī shǒuxù check-in
问讯处 wènxùnchù balcão de informações
登机口 dēngjīkǒu portão de embarque
安全检查 ānquán jiǎnchá controle de segurança
中转旅客 zhōngzhuǎn lǚkè passageiros em transferência
中转 zhōngzhuǎn transferências
过境旅客 guòjìng lǚkè passageiros em trânsito
侯机室 hòujīshì sala de embarque
免税商店 miǎnshuì shāngdiàn loja de duty-free
系好安全带 jìhǎo ānquándài apertem os cintos de segurança
救生衣 jiùshēngyī colete salva-vidas
请勿吸烟 qǐng wù xīyān proibido fumar
座位号 zuòwèihào nº do assento

Banco, Dinheiro

帐户 zhànghù conta
帐号 zhànghào nº da conta
银行 yínháng banco
中国银行 Zhōngguó Yínháng Bank of China
分行 fēnháng filial
营业时间 yíngyè shíjiān horário de funcionamento
买价 mǎijià cotação para compra
交款处 jiāokuǎnchù caixa
信用卡 xìnyòng kǎ cartão de crédito
外币兑换 wàibì duìhuàn câmbio de moeda estrangeira
中国人民银行 Zhōngguó Rénmín Yínháng People's Bank of China
卖价 màijià cotação para venda
今日牌价 jīnrì páijià cotação cambial do dia
旅行支票 lǚxíng zhīpiào cheque de viagem
元 yuán moeda corrente
澳元 Àoyuán dólar australiano
加拿大元 Jiānádà yuán dólar canadense
人民币 Rénmínbì moeda chinesa
港币 Gǎngbì dólar de Hong Kong
美元 Měiyuán dólar americano

Ônibus e Táxi

长途汽车站 chángtú qìchē zhàn terminal de ônibus interurbano

夜班车 yèbān chē ônibus noturno
公共汽车 gōnggòng qìchē ônibus
快车 kuàichē ônibus expresso
小公共汽车 xiǎo gōnggòng qìchē microônibus
区间车 qūjiānchē ônibus circular
无轨电车 wúguǐ diànchē ônibus elétrico
游览车 yóulǎnchē ônibus de turismo
售票处 shòupiàokǒu balcão de reservas
长途汽车时刻表 chángtú qìchē shíkèbiǎo horário dos ônibus interurbanos
城市交通图 chéngshì jiāotōngtú mapa do transporte da cidade
始发站 shǐfāzhàn ponto de partida
票价 piàojià tarifa
问讯处 wènxùnchù balcão de informações
月票 yuèpiào bilhete mensal
一日游 yí rì yóu passeio de um dia
就近下车 jiùjìn xiàchē parada solicitada para desembarcar
先下后上 xiān xià hòu shàng antes de embarcar, os passageiros devem primeiro aguardar a saída dos que vão desembarcar do ônibus
保持车内清洁 bǎochí chēnèi qīngjié mantenha o ônibus limpo
请勿与司机谈话 qǐng wù yǔ sījī tánhuà por favor, não converse com o motorista
老弱病残孕专座 lǎoruò bìngcányùn zhuānzuò lugares reservados para idosos, deficientes e mulheres grávidas
招手上车 zhāoshǒu shàngchē parada a pedido
小卖部 xiǎomàibù quiosque
小吃店 xiǎochīdiàn lanchonete
候车室 hòuchēshì sala de espera
出租汽车 chūzū qìchē táxis

Cultura Chinesa

寺 sì templo budista
文化大革命 Wénhuà Dàgémìng Revolução Cultural (1966-1976)
天安门 Tiān'ānmén Portão da Paz Celestial
长城 Chángchéng a Grande Muralha
五四运动 Wǔsì Yùndòng Movimento de 4 de Maio (1919)
明 Míng Dinastia Ming (1368-1644)
十三陵 Shísānlíng Túmulos Ming

年画 niánhuà estampas de Ano-Novo
塔 tǎ pagode
故宫 Gùgōng Cidade Proibida
八达岭 Bādálǐng passagem na Grande Muralha
京剧 Jīngjù Ópera de Pequim
木偶戏 mù'ǒuxì espetáculo de bonecos
清 Qīng Dinastia Qing (1644-1911)
宋 Sòng Dinastia Song (960-1279)
颐和园 Yíhéyuán Palácio de Verão
唐 Táng Dinastia Tang (618-907)
宫 gōng templo taoísta
观 guàn templo taoísta
庙 miào templo
天坛 Tiāntán Templo do Céu
兵马俑 Bīngmǎyǒng Exército de Terracota
辛亥革命 Xīnhài Gémìng Revolução Xinhai (1911)

País, Nacionalidade

巴西 Bāxī Brasil; brasileiro
美国 Měiguó Estados Unidos; americano
澳大利亚 Àodàlìyà Austrália; australiano
缅甸 Miǎndiàn Mianmá; birmanês
加拿大 Jiānádà Canadá; canadense
中国 Zhōngguó China; chinês
英国 Yīngguó Inglaterra; inglês; Reino Unido; britânico
法国 Fǎguó França; francês
德国 Déguó Alemanha; alemão
香港 Xiānggǎng Hong Kong
印度尼西亚 Yìndùníxīyà Indonésia; indonésio
爱尔兰 Ài'ěrlán Irlanda; irlandês
日本 Rìběn Japão; japonês
朝鲜 Cháoxiǎn Coréia; coreano
老挝 Lǎowō Laos; laosiano
马来西亚 Mǎláixīyà Malásia; malaio
满 Mǎn povo minoritário do nordeste da China
维吾尔 Wéiwú'ěr povo minoritário do noroeste da China
傣 Dǎi povo minoritário do sudoeste da China
苗 Miáo povo minoritário do sudoeste da China
彝 Yí povo minoritário do sudoeste da China
僮 Zhuàng povo minoritário do sudoeste da China
蒙 Měng mongol
蒙古 Ménggǔ Mongólia
回 Huí povo minoritário muçulmano
尼泊尔 Níbó'ěr Nepal; nepalês
中华人民共和国 Zhōnghuá

Rénmín Gònghéguó República Popular da China
菲律宾 Fēilǜbīn Filipinas; filipino
俄国 Éguó Rússia; russo
苏格兰 Sūgélán Escócia; escocês
新加坡 Xīnjiāpō Cingapura; cingapuriano
西藏 Xīzàng Tibete
藏 Zàng tibetano
台湾 Táiwān Taiwan; taiwanês
泰国 Tàiguó Tailândia; tailandês
威尔士 Wēi'ěrshì Gales; galês

Alfândega

中国海关 Zhōngguó hǎiguān alfândega chinesa
海关 hǎiguān alfândega
边防检查站 biānfáng jiǎncházhàn posto de controle de fronteira
免疫检查 miǎnyì jiǎnchá fiscalização sanitária
护照检查 hùzhào jiǎnchá controle de passaporte
报关 bàoguān bens a declarar
不用报关 búyòng bàoguān nada a declarar
绿色通道 lǜsè tōngdào canal verde, nada a declarar
红色通道 hóngsè tōngdào canal vermelho, bens a declarar
入境签证 rùjìng qiānzhèng visto de entrada
出境签证 chūjìng qiānzhèng visto de saída
护照 hùzhào passaporte
过境签证 guòjìng qiānzhèng visto de trânsito
旅行证 lǚxíngzhèng permissão de viagem
免税物品 miǎnshuì wùpǐn produtos do duty-free

Emergência

救护车 jiùhùchē ambulância
太平门 tàipíngmén saída de emergência
火警匪警 huǒjǐng, fěijǐng números telefônicos de emergência: incêndio, roubo
消防队 xiāofángduì bombeiros, corpo de bombeiros
急诊室 jízhěnshì sala de primeiros socorros
派出所 Pàichūsuǒ delegacia de polícia local
警察 jǐngchá polícia
公安局 gōng'ānjú Departamento de Segurança Pública

Diversão

售票处 shòupiàochù bilheteria
入场券 rùchǎngquàn ingresso de cinema

电影院 diànyǐngyuàn cinema
迪斯科 dísīkē discoteca
夜场 yèchǎng show noturno
全满 quánmǎn casa lotada
休息 xiūxi intervalo
京剧 Jīngjù Ópera de Pequim
节目单 jiémùdān programa
排 ...pái fileira...
号 ...hào número da poltrona
票已售完 piào yǐ shòu wán lotação esgotada
剧场 jùchǎng teatro
剧院 jùyuàn teatro
戏院 xìyuàn teatro
表演时间 biǎoyǎn shíjiān horário dos shows

Formulários

从何处来 cóng héchù lái chegando de
出生年月 chūshēng niányuè data de nascimento
籍贯 jíguàn local de nascimento do pai
到何处去 dào héchù qù em viagem para
拟住天数 nǐ zhù tiānshù tempo de permanência
姓名 xìngmíng nome completo
国籍 guójí nacionalidade
性别 xìngbié (nán/nǚ) sexo (masculino/feminino)
护照号码 hùzhào hàomǎ número do passaporte
永久地址 yǒngjiǔ dìzhǐ endereço permanente
旅客登记表 lǚkè dēngjìbiǎo formulário de registro
签名 qiānmíng assinatura

Termos Geográficos

自治区 zìzhìqū região autônoma
运河 yùnhé canal
市 shì cidade
国家 guójiā país
县 xiàn município
森林 sēnlín floresta
岛 dǎo ilha
湖 hú lago
江 jiāng rio extenso
地图 dìtú mapa
山 shān montanha, morro
山脉 shānmài montanhas
海洋 hǎiyáng oceano
省 shěng província
河 hé rio
海 hǎi mar
镇 zhèn cidade pequena
山谷 shāngǔ vale
村 cūn vila, aldeia
树林 shùlín bosques

Saúde

中医科 zhōngyīkē departamento de medicina chinesa

中药房 zhōngyàofáng dispensário/clínica de medicina chinesa
牙科 yákē departamento de odontologia
急诊室 jízhěnshì emergência
外宾门诊部 wàibīn ménzhěnbù paciente ambulatorial estrangeiro
医院 yīyuàn hospital
住院处 zhùyuànchù seção de admissões em hospital
内科 nèikē departamento médico
门诊部 ménzhěnbù pacientes ambulatoriais
挂号 guàhào registro
西药房 xīyàofáng dispensário/clínica de medicina ocidental

Aluguel, Locação

出租自行车 chūzū zìxíngchē bicicletas para alugar
租船 zū chuán barcos para alugar
出租 chūzū para alugar

Hotéis

中国国际旅行社 Zhōngguó Guójì Lǚxíngshè Serviço de Viagens Internacionais da China
中国旅行社 Zhōngguó Lǚxíngshè Serviço de Viagens da China
宾馆 bīnguǎn hotel
饭店 fàndiàn hotel
小卖部 xiǎomàibù quiosque
总服务台 zǒng fúwùtái recepção
游艺室 yóuyìshì sala de recreação
电传室 diànchuánshì posto de telex

Elevadores

关 guān fechado
下 xià desce
电梯 diàntī elevadores
开 kāi aberto
上 shàng sobe

Medicamentos

抗菌素 kàngjūnsù antibióticos
阿斯匹林 āsīpǐlín aspirina
咳鼻清 kébíqīng pastilhas para tosse
棕色合剂 zōngsè héjì composto para tosse
止咳糖浆 zhǐké tángjiāng xarope para tosse
止疼片儿 zhǐténgpiànr analgésicos
青霉素 qīngméisù penicilina
含碘片 hándiǎnpiàn pastilhas para a garganta
剂量 jìliàng dosagem

失效期 shīxiàoqī data de validade
初诊 chūzhěn primeiro tratamento
外用 wàiyòng para uso externo
一日三次 yírì sān cì três vezes ao dia
胃炎 wèiyán gastrite
饭前／后温开水送服 fàn qián/hòu wēnkāishuǐ sòngfú para ser tomado com água quente antes/depois das refeições
每四／六小时服一次 měi sì/liù xiǎoshí fú yícì uma dose a cada quatro/seis horas
一日四次 yírì sìcì quatro vezes ao dia
内服 nèifú por via oral
每次一个 měi cì yì gé uma medida a cada vez
每次一丸 měicì yì wán uma pílula a cada vez
每次一片儿 měicì yí piànr um comprimido a cada vez
必要时服 bìyào shí fú quando necessário

Avisos em Portas

太平门 tàipíngmén saída de emergência
入口 rùkǒu entrada
出口 chūkǒu saída
顾客止步 gùkè zhǐ bù proibida a entrada de clientes
未经许可禁止入内 wèi jīng xúkě, jìnzhǐ rù nèi não entre sem permissão
拉 lā puxe
推 tuī empurre
闲人免进 xiánrén miǎn jìn somente para funcionários

Telefones

长途区号 chángtú qūhào código de área
用卡电话亭 yòng kǎ diànhuà tíng telefone com cartão
查号台 cháhàotái serviço de informações
分机 fēnjī extensão
国际长途 guójì chángtú ligação internacional
长途电话 chángtú diànhuà ligação interurbana
电话卡 diànhuàkǎ cartão telefônico
公用电话 gōngyòng diànhuà telefone público
总机 zǒngjī central telefônica
电话簿 diànhuàbù lista telefônica
一次一角(毛) yícì yìjiǎo (máo) dez centavos por ligação
磁卡电话 cíkǎ diànhuà telefone com cartão

Nome de Lugares

北京 Běijīng Pequim/Beijing
成都 Chéngdū Chengdu
敦煌 Dūnhuáng Dunhuang
峨嵋山 Éméishān montanhas Emei
广州 Guǎngzhōu Cantão
长城 Chángchéng Grande Muralha
桂林 Guìlín Guilin
杭州 Hángzhōu Hangzhou
昆明 Kūnmíng Kunming
拉萨 Lāsà Lhassa
洛阳 Luòyáng Luoyang
南京 Nánjīng Nanquim
深圳 Shēnzhèn Shenzhen
天津 Tiānjīn Tientsin
西湖 Xīhú lago Oeste
西安 Xī'ān Xi'an
长江三峡 Chángjiāng Sānxiá gargantas do Yangtze

Correio

邮局 yóujú agência do correio
开箱时间 kāixiāng shíjiān horário de coleta
信封 xìnfēng envelope
邮筒 yóutǒng caixa de cartas
信函 xìnhán cartas
杂志报刊 zázhì bàokān revistas e jornais
包裹单 bāoguǒdān formulário para encomendas/pacotes
包裹, 印刷品 bāoguǒ, yìnshuāpǐn pacotes; impressos
邮电局 yóudiànjú agência do correio e de telecomunicações
信箱电报 xìnxiāng caixa postal
邮政编码 yóuzhèng biānmǎ código de endereçamento postal
邮票, 挂号 yóupiào, guàhào selos; cartas registradas
电报纸 diànbàozhǐ formulário para telegrama
电报 diànbào telegrama
电报大楼 diànbào dàlóu edifício dos telégrafos

Edifícios Públicos

浴池 yùchí banhos
学院 xuéyuàn faculdade
领事馆 lǐngshìguǎn consulado
大使馆 dàshǐguǎn embaixada
工厂 gōngchǎng fábrica
游泳馆 yóuyǒngguǎn piscina coberta
图书馆 túshūguǎn biblioteca
博物馆 bówùguǎn museu
中学 zhōngxué escola de ensino médio
体育馆 tǐyùguǎn salão de esportes, estádio coberto
体育场 tǐyùchǎng estádio
大学 dàxué universidade

Restaurantes, Bares, Cafés

酒吧 jiǔbā bar
咖啡店 kāfēidiàn café, cafeteria
茶楼 chálóu café, casa de chá
茶馆 cháguǎn café, casa de chá
茶室 cháshì café, casa de chá
收款台 shōukuǎntái caixa
冷饮店 lěngyǐndiàn bar de refrescos
中餐厅 Zhōng cāntīng restaurante de comida chinesa
清真饭店 qīngzhēn fàndiàn restaurante muçulmano
面馆 miànguǎn loja de massas
菜馆 càiguǎn restaurante grande
饭店 fàndiàn restaurante grande
酒家 jiǔjiā restaurante grande
酒楼 jiǔlóu restaurante grande
餐厅 cāntīng restaurante; refeitório
快餐 kuàicān lanchonete
小吃店 xiǎochīdiàn lanchonete
今日供应 jīnrì gòngyìng menu do dia
素菜馆 sùcàiguǎn restaurante vegetariano
西餐厅 xī cāntīng restaurante de comida ocidental
西菜馆 xīcàiguǎn restaurante ocidental

Compras

文物商店 wénwù shāngdiàn loja de antiguidades
工艺美术商店 gōngyì měishù shāngdiàn loja de artesanato
自行车 zìxíngchē bicicletas
收款台 shōukuǎntái caixa
烟酒糖茶 yān jiǔ táng chá cigarro; vinho; confeitaria; chá
服装店 fúzhuāngdiàn loja de roupas
男女服装 nánnǚ fúzhuāng roupas
化妆用品 huàzhuāng yòngpǐn cosméticos
百货商店 bǎihuò shāngdiàn loja de departamentos
家用电器 jiāyòng diànqì utilidades domésticas
食品商店 shípǐn shāngdiàn loja de alimentos
食品糕点 shípǐn gāodiǎn alimentos e confeitos
自由市场 zìyóu shìchǎng mercado livre
友谊商店 yǒuyí shāngdiàn Loja da Amizade (estatal)
菜市场 càishìchǎng feira livre
副食品商店 fùshípǐn shāngdiàn mercearia
五金交电 wǔjīn jiāodiàn loja de ferragem e artigos de eletricidade

袜子鞋帽 wàzi xiémào meias; sapatos; chapéus
日用杂品 rìyòng zápǐn utensílios domésticos
橱房用品 chúfáng yòngpǐn utensílios de cozinha
妇女用品 fùnǚ yòngpǐn acessórios femininos
女装 nǚzhuāng roupas femininas
洗衣店 xǐyīdiàn lavanderia
皮革制品 pígé zhìpǐn artigos de couro
市场 shìchǎng mercado
男装 nán zhuāng roupas masculinas
乐器行 yuèqì háng seção de instrumentos musicais
新华书店 xīnhuá shūdiàn livraria New China
夜市 yèshì mercado noturno
眼镜店 yǎnjìngdiàn óptica
复印 fùyìn fotocopiadora
照相器材 zhàoxiàng qìcái equipamento fotográfico
票当面点清过后该不负责 qián piào dāngmiàn diǎnqīng, guòhòu gài bù fùzé por favor, verifique o troco antes de sair, pois não haverá ressarcimento
雨伞雨具 yǔsǎn yǔjù roupas de chuva
大减价 dàjiǎnjià liquidação
古旧书店 gǔjiù shūdiàn livraria de segunda mão/sebo
购物中心 gòuwù zhōngxīn shopping center
体育用品 tǐyù yòngpǐn artigos esportivos
文具商店 wénjù shāngdiàn artigos de papelaria
文具用品 wénjù yòngpǐn artigos de papelaria
牙膏牙刷 yágāo yáshuā pasta de dente e escova de dente
儿童玩具 értóng wánjù brinquedos
针织用品 zhēnzhī yòngpǐn roupa íntima, roupa de baixo

Ruas e Estradas

大街 dàjiē avenida
胡同 hútòng viela
巷 xiàng viela
路 lù estrada, rodovia
广场 guángchǎng praça
街 jiē rua

Toaletes

有人 yǒurén ocupado
男厕所 náncèsuǒ toalete masculino
男厕 náncè toalete masculino
女厕所 nǚcèsuǒ toalete feminino
女厕 nǚcè toalete feminino
公厕 gōngcè banheiros públicos

盥洗室 guànxǐshì toalete, banheiro

无人 wúrén vago, livre

Trem e Metrô

火车站 huǒchēzhàn estação

火车 huǒchē trem

列车到站时刻表 lièchē dàozhàn shíkèbiǎo horário das chegadas

列车离站时刻表 lièchē lízhàn shíkèbiǎo horário das partidas

开往...方向... kāiwǎng... fāngxiàng para...

车次 chēcì número do trem

检票处 jiǎnpiàochù barreira

站台 zhàntái plataforma

站台票 zhàntáipiào bilhete de plataforma

问讯处 wènxùnchù balcão de informações

火车时刻表 huǒchē shíkèbiǎo horário

天 tiān dia

特快 tèkuài expresso

直快 zhíkuài trem direto; trem expresso

快车 kuàichē trem rápido

客车 kèchē trem comum de passageiros

站名 zhànmíng nome da estação

开往... kāiwǎng... para...

旅游车 lǚyóuchē trem de turismo

车次 chēcì número do trem

星期 xīngqī semana

行李寄存处 xíngli jìcúnchù bagagem abandonada; verificação de bagagem

乘警 chéngjǐng polícia ferroviária

售票处 shòupiàochù bilheteria

候车室 hòuchēshì sala de espera

餐车 cānchē vagão-restaurante

硬席 yìngxí assentos rijos

硬席车 yìngxíchē vagão com assentos rijos

硬卧 yìngwò leito rijo

硬卧车 yìngwòchē vagão com leitos rijos

软席 ruǎnxí assento macio

软席车 ruǎnxíchē vagão com assentos macios

软卧 ruǎnwò leito macio

软卧车 ruǎnwòchē vagão com leitos macios

紧急制动闸 jǐnjí zhìdòngzhá freio de emergência

乘务员 chéngwùyuán encarregado do trem

地铁 dìtiě metrô

Menu:

Comida

Comida

Resumo

Arroz	203
Carnes	201
Combinações Típicas	205
Comidas Básicas	197
Frutas	200
Lanches	204
Macarrão	201
Métodos Culinários Básicos	197
Pães, Bolinhos etc.	199
Pratos com Aves	202
Pratos com Carne	198
Pratos com Carne de Porco	202
Pratos com Cordeiro e Carneiro	201
Pratos com Tofu	198
Pratos com Vegetais	206
Peixes e Frutos-do-Mar	199
Sobremesas	199
Sopas	204
Temperos	204
Termos Mais Comuns	196
Travessas de Comidas Frias	199
Vegetais	206

Menu: Comida

Termos Mais Comuns

米饭 arroz cozido mǐfàn
炒饭 arroz frito chǎofàn
勺子 colher sháozi
玻璃杯 copo bōli bēi
刀子 faca dāozi
叉 garfo (para comer) chā
桌子 mesa zhuōzi
菜单儿 menu càidānr
酱油 molho de soja jiàngyóu
筷子 palitos kuàizi
盘子 prato pánzi
甜品 sobremesa tiánpǐn
汤 sopa tāng
面条 macarrão miàntiáo
炒面 macarrão frito chǎomiàn
碟子 tigela diézi
杯子 xícara bēizi

劳驾 com licença láojià
请帮我结帐好吗？ poderia trazer a conta, por favor? qǐng bāng wǒ jiézhàng, hǎo ma?

Comidas Básicas

黄油 huángyóu manteiga
奶酪 nǎilào queijo
辣椒油 làjiāo yóu óleo de pimenta
辣椒酱 làjiāo jiàng molho de pimenta
椰子油 yēzi yóu leite de coco
奶油 nǎiyóu creme de leite
豆腐干儿 dòufu gānr tofu seco
大蒜 dàsuàn alho
黄米 huángmǐ painço viscoso
豆瓣儿辣酱儿 dòubànr làjiàngr molho picante de soja
玉米 yùmǐ milho
小米 xiáomǐ painço
蚝油 háoyóu molho de ostra
花生油 huāshēng yóu óleo de amendoim
咸菜 xiáncài picles
松花蛋 sōnghuādàn ovos em conserva
菜籽油 càizi yóu óleo de colza
大米 dàmǐ arroz cru
盐 yán sal
芝麻油 zhīma yóu óleo de gergelim
高粱 gāoliáng sorgo (semelhante ao milho)
豆油 dòuyóu óleo de soja
酱油 jiàngyóu molho de soja
糖 táng açúcar
番茄酱 fānqié jiàng massa de tomate
素鸡 sùjī "frango vegetariano" (feito de soja)
小麦 xiǎomài trigo
面粉 miànfěn farinha de trigo

Métodos Culinários Básicos

什锦... shíjǐn... ...sortido
... 丸 ...wán bolinhas de...
... 圆 ...yuán bolinhas de...
叉烧... chāshāo... assado de...
煮... zhǔ... ...cozido
烧... shāo... ...refogado (ou assado)
... 块儿 ...kuàir ...aos pedaços
香酥... xiāngsū... ...frito crocante
咖喱... gālí... ...com curry
炸... zhá... ...frito
... 丁 ...dīng cubos de...
家常... jiācháng... ...à moda caseira (simples)
火锅... huǒguō... ...em hot pot: servido com um pote de água fervente na qual a carne ou o peixe

é cozido, o que também resulta numa sopa
烤 ... kǎo... ...assado
... 片儿 ...piànr ...em fatias
蒸 ... zhēng... ...cozido no vapor
清蒸 ... qīngzhēng... ...cozido no vapor
烩 ... huì... ...refogado
炒 ... chǎo... ...salteado
糖醋 ... tángcù... ...agridoce
三鲜 ... sānxiān... três... frescos (com três ingredientes que variam)

Pratos com Tofu

麻婆豆腐 mápó dòufu tofu com picadinho de carne em molho apimentado
三鲜豆腐 sānxiān dòufu tofu com três... frescos (feito com três ingredientes)
沙锅豆腐 shāguō dòufu tofu servido com um pote de água fervente na qual ele é cozido, que também é uma sopa
麻辣豆腐 málà dòufu tofu com pimenta e pimentão silvestre
虾仁豆腐 xiārén dòufu tofu com camarões
家常豆腐 jiācháng dòufu tofu à moda caseira

Pratos com Carne

红烧牛肉 hóngshāo niúròu carne refogada em molho marrom
麻酱牛肉 májiàng niúròu carne salteada, com massa de gergelim
酱爆牛肉 jiàngbào niúròu carne salteada, com caldo de feijão preto
葱爆牛肉 cōngbào niúròu carne salteada, com cebolinha
咖喱牛肉 gāli niúròu carne com curry
时菜牛肉片儿 shícài niúròupiànr tirinhas de carne com vegetais da época
鱼香 牛肉 yúxiāng niúròu carne refogada, com molho bem apimentado
笋炒牛肉 sǔnchǎo niúròu carne refogada, com broto de bambu
麻辣牛肉 málà niúròu carne refogada, com pimenta e pimentão silvestre
蚝油牛肉 háoyóu niúròu carne refogada, com molho de ostra
宫保牛肉 gōngbǎo niúròu carne refogada, com amendoins e pimenta

茄汁牛肉 qiézhī niúròu fatias de carne refogadas, com molho de tomate

Pães, Bolinhos etc.

葱油饼 cōngyóubǐng panqueca com cebolinha
水饺 shuǐjiǎo ravióli chinês
饺子 jiǎozi bolinhos
锅贴 guōtiē ravióli chinês frito
馄饨 húntun pequeno ravióli chinês em sopa
馒头 mántou pão cozido no vapor, com diversos recheios
蒸饺 zhēngjiǎo ravióli chinês cozido no vapor
烧卖 shāomài bolinhos abertos em cima, cozidos no vapor
包子 bāozi bolinhos cozidos no vapor, com diversos recheios, em geral carne de porco picadinha
花卷儿 huājuǎnr rolinhos cozidos no vapor
三鲜水饺 sānxiān shuǐjiǎo ravióli chinês com três ingredientes (carne de porco, camarão e cebolinha)
面包 miànbāo pão branco

Travessas de Comidas Frias

什锦冷盘儿 shíjǐn lěngpánr travessa com sortido de comidas frias
海杂拌儿 hǎi zábànr travessa de frutos-do-mar frios
七彩冷拼盘儿 qīcǎi lěng pīnpánr travessa de comidas frias em "sete cores"

Sobremesas

西瓜盅 xīgua zhōng frutas variadas e melancia
什锦水果羹 shíjǐn shuǐguo gēng salada de frutas
莲子羹 liánzi gēng semente de lótus em calda
酸奶 suānnǎi iogurte

Peixes e Frutos-do-Mar

鲈鱼 lúyú robalo
螃蟹 pángxiè caranguejo
鱼 yú peixe
鲳鱼 chāngyú peixe de águas asiáticas
虾 xiā camarão graúdo
加级鱼 jiājí vermelho
鱿鱼 yóuyú lula
红烧鲤鱼 hóngshāo lǐyú

Menu: Comida

carpa refogada, com molho marrom
干烧桂鱼 gānshāo guìyú perca chinesa refogada, com pimenta e caldo de feijão preto
咖喱鱿鱼 gāli yōuyú lula com curry
茄汁石斑块儿 qiézhī shíbānkuàir garoupa frita, com molho de tomate
火锅鱼虾 huǒguō yúxiā peixes e camarões servidos com um pote de água fervente na qual são cozidos, o que resulta numa sopa
家常鱼块儿 jiācháng yúkuàir peixe à moda caseira
干烧黄鳝 gānshāo huángshàn enguia refogada com pimenta e caldo de feijão preto
时菜虾球 shícài xiāqiú bolas de camarão com vegetais da época
虾仁干贝 xiārén gānbèi vieiras com carmarões
葱 爆海参 cōngbào hǎishēn pepino-do-mar salteado, com cebolinhas
蚝鱿鲍鱼 háoyóu bāoyú abalone refogado, com molho de ostra
滑溜鱼片儿 huáliū yúpiànr postas de peixe refogadas, com molho espesso
鱼香龙虾 yúxiāng lóngxiā lagosta refogada, com molho bem apimentado
冬笋炒海参 dōngsǔn cháo hǎishēn pepino-do-mar refogado, com broto de bambu
糖醋鱼块儿 tángcù yúkuàir peixe agridoce

Frutas

苹果 píngguǒ maçã
杏 xìng damasco
香蕉 xiāngjiāo banana
椰子 yēzi coco
海棠果 hǎitángguǒ maçã silvestre
枣 zǎo tâmara
葡萄 pútao uva
广柑 guǎnggān laranja de Guangdong
哈密瓜 hāmìguā melão de polpa esverdeada
龙眼 lóngyǎn longan (semelhante à lichia)
荔枝 lìzhī lichia
柑子 gānzi laranja
桔子 júzi laranja
桃子 táozi pêssego
梨 lí pêra
柿子 shìzi caqui
菠萝 bōluó abacaxi
李子 lǐzi ameixa

石榴 shíliu romã
沙田柚 shātiányòu pomelo
(tipo de grapefruit)
橘子 júzi tangerina
蜜桔 mìjú tangerina
西瓜 xīguā melancia

Pratos com Cordeiro e Carneiro

咖喱羊肉 gāli yángròu carneiro ao curry
烤羊肉串儿 kǎo yángròuchuànr espetinho de cordeiro
涮羊肉 shuàn yángròu cordeiro mongol servido com um pote de água fervente na qual ele é cozido, o que também resulta numa sopa
红烧羊肉 hóngshāo yángròu carneiro refogado, com molho marrom
火锅羊肉 huǒguō yángròu carneiro servido com um pote de água fervente na qual ele é cozido, o que também resulta numa sopa
酱爆羊肉 jiàngbào yángròu carneiro salteado, com caldo de feijão preto
葱爆羊肉 cōngbào yángròu carneiro salteado, com cebolinhas
时菜羊肉片儿 shícài yángròupiànr tirinhas de carneiro com vegetais da época
麻辣羊肉 málà yángròu carneiro refogado, com pimenta e pimentão silvestre
蚝油羊肉 háoyóu yángròu carneiro refogado, com molho de ostra

Carnes

牛肉 niúròu carne de boi
鸡 jī frango
鸭 yā pato
羊肉 yángròu cordeiro; carneiro
肉 ròu carne (em geral, de porco)
猪肉 zhūròu carne de porco

Macarrão

炒面 chǎomiàn macarrão frito
鸡丝炒面 jīsī chǎomiàn macarrão frito, com tirinhas de frango
肉丝炒面 ròusī chǎomiàn macarrão frito, com tirinhas de carne de porco
虾仁炒面 xiārén chǎomiàn macarrão frito, com camarões

炒米粉 cháomífěn macarrão de arroz frito
面条 miàntiáo macarrão

Pratos com Carne de Porco

叉烧肉 chāshāo ròu assado de carne de porco
咖喱肉丸 gāli ròuwán almôndegas com curry
狮子头 shīzi tóu almôndega grande refogada com repolho
火锅猪排 huǒguō zhūpái carne de porco picada servida com um pote de água fervente na qual é cozida, o que também resulta numa sopa
酱爆三样 jiàngbào sānyàng carne, fígado e rim de porco salteados, com caldo de feijão preto
烤乳猪 káo rǔzhū leitão assado
米粉蒸肉 mífěn zhēngròu carne de porco cozida no vapor, com arroz
宫保肉丁 gōngbǎo ròudīng cubos de carne de porco refogados, com amendoins e pimentas
鱼香肉丝 yúxiāng ròusī tirinhas de porco em molho apimentado
冬笋肉丝 dōngsǔn ròusī tirinhas de porco refogadas, com broto de bambu
榨菜炒肉丝 zhàcài chǎo ròusī tirinhas de porco refogadas, com conserva de folhas de mostarda
笋炒肉片儿 sǔnchǎo ròupiànr tirinhas de porco refogadas, com broto de bambu
芙蓉肉片儿 fúróng ròupiànr tirinhas de porco refogadas, com clara de ovo
青椒炒肉片儿 qīngjiāo chǎo ròupiànr tirinhas de porco refogadas, com pimentão verde
时菜炒 肉片儿 shícài chǎo ròupiànr tirinhas de porco refogadas, com vegetais da época
滑溜肉片儿 huáliū ròupiànr tirinhas de porco refogadas, com molho espesso
回锅肉 huíguō ròu porco cozido e refogado

Pratos com Aves

时 菜扒鸭 shícài páyā pato refogado, com vegetais da época

佛跳墙 fó tiào qiáng frango com pato, pé de porco e frutos-do-mar ensopados com vinho de arroz (literalmente: Buda pula o muro)

茄汁鸡脯 qiézhī jīpú peito de frango com molho de tomate

咖喱鸡块儿 gālí jīkuàir pedaços de frango com curry

酱爆鸡丁 jiàngbào jīdīng cubos de frango salteados, com caldo de feijão preto

冬笋鸡片儿 dōngsǔn jīpiànr tirinhas de frango com broto de bambu

冬菇鸡片儿 dōnggū jīpiànr tirinhas de frango com cogumelos

香酥鸡 xiāngsū jī frango inteiro frito e crocante

香酥鸭 xiāngsū yā pato inteiro frito e crocante

辣子鸡丁 làzi jīdīng cubos de frango com pimenta

麻辣鸡丁 málà jīdīng cubos de frango com pimenta e pimentão silvestre

香菇鸭掌 xiānggū yāzhǎng pé de pato com cogumelo

茄汁煎软鸭 qiézhī jiān ruǎnyā pato frito, com molho de tomate

家常焖鸡 jiācháng mènjī frango refogado à moda caseira

北京烤鸭 Běijīng kǎoyā pato de Pequim

酱爆鸭片儿菜心 jiàngbào yāpiànr càixīn tiras de pato e verduras salteadas, com caldo de feijão preto

葱爆烧鸭片儿 cōngbào shāoyāpiànr tiras de pato salteadas, com cebolinhas

宫保鸡丁 gōngbǎo jīdīng cubos de frango refogados, com amendoins e pimentas

怪味儿鸡 guàiwèirjī frango inteiro com amendoins e pimentão (literalmente: frango de gosto estranho)

汽锅蒸鸡 qìguō zhēngjī frango inteiro cozido no vapor

红烧全鸭 hóngshāo quányā pato inteiro refogado, com molho marrom

红烧全鸡 hóngshāo quánjī frango inteiro refogado, com molho marrom

Arroz

炒饭 chǎofàn arroz frito

蛋炒饭 dàn chǎofàn arroz frito, com ovos

鸡丝炒饭 jīsī chǎofàn arroz frito, com tirinhas de frango
肉丝炒饭 ròusī chǎofàn arroz frito, com tirinhas de porco
虾仁炒饭 xiārén chǎofàn arroz frito, com camarões
米饭 mǐfàn arroz
稀饭 xīfàn mingau de arroz
叉烧包 chāshāobāo bolinhos cozidos no vapor, com recheio de porco

Temperos

桂皮 guìpí canela chinesa
丁香 dīngxiāng cravo-da-índia
茴香 huíxiāng semente de erva-doce
五香面儿 wǔxiāng miànr pó de "cinco especiarias"
生姜 shēngjiāng gengibre
辣椒 làjiāo pimentas
辣椒粉 làjiāo fěn pimenta em pó
胡椒 hújiāo pimenta-do-reino
盐 yán sal
醋 cù vinagre

Lanches

豆沙酥饼 dòushā sūbǐng bolo folhado com recheio de doce de feijão
火烧 huǒshāo pãozinho de trigo assado
糖火烧 táng huǒshāo pãozinho de trigo assado com açúcar
油饼 yóubǐng panqueca condimentada frita
油炸糕 yóuzhágāo panqueca doce frita
馅儿饼 xiànrbǐng frituras temperadas
烧饼 shāobǐng panqueca de gergelim
春卷儿 chūnjuǎnr rolinho primavera
豆沙包 dòushābāo bolinho cozido no vapor, com recheio de doce de feijão
油条 yóutiáo massa de sonho sem açúcar

Sopas

开水白菜 kāishuǐ báicài caldo claro com repolho chinês
酸辣汤 suān là tāng sopa picante e ácida
汤 tāng sopa
竹笋鲜蘑汤 zhúsǔn xiānmó tāng sopa com broto de bambu e cogumelo
西红柿鸡蛋汤 xīhóngshì jīdàn tāng sopa com ovo e tomate

榨菜肉丝汤 zhàcài ròusī tāng sopa com tirinhas de porco e conserva de folhas de mostarda
时菜肉片儿汤 shícài ròupiànr tāng sopa com tiras de porco e vegetais da época
菠菜粉丝汤 bōcài fěnsī tāng sopa com espinafre e macarrãozinho
三鲜汤 sānxiān tāng sopa de três produtos frescos (camarão, carne e um vegetal)
圆汤素烩 yuántāng sùhuì sopa grossa de vegetais

Combinações Típicas

红烧 ... hóngshāo... ...refogado, com molho de soja
干烧 ... gānshāo... ...refogado, com pimenta e caldo de feijão preto
麻酱 ... jiàngbào... ...salteado, com caldo de feijão preto
葱爆 ... cōngbào... ...salteado, com cebolinhas
鱼香 ... yúxiāng... ...salteado, com molho bem apimentado (literalmente: aroma de peixe; nem sempre com peixe)
笋炒 ... sǔnchǎo... ...refogado, com broto de bambu
宫保 ... gōngbǎo... ...refogado, com amendoins e pimentas
滑溜 ... huáliū...refogado, com molho
冬笋 ... dōngsǔn... ...com broto de bambu
辣子 ... làzi... ...com pimentas
麻辣 ... málà... ...com pimenta e pimentão silvestre
蟹肉 ... xièròu... ...com caranguejo
火腿 ... huǒtuǐ ... ...com presunto
冬菇 ... dōnggū... ...com cogumelos
香菇 ... xiānggū... ...com cogumelos
蚝油 ... háoyóu... ...com molho de ostra
榨菜 ... zhàcài... ...com conserva de folhas de mostarda
时菜 ... shícài... ... com vegetais da época
虾仁 ... xiārén... ...com camarões
茄汁 ... qiézhī... ...com molho de tomate
番茄 ... fānqié... ...com molho de tomate

Vegetais

茄子 qiézi berinjela
竹笋 zhúsǔn broto de bambu
豆芽 dòuyá broto de feijão
卷心菜 juǎnxīncài repolho
胡萝卜 húluóbo cenoura
白菜 báicài repolho chinês
青豆 qīngdòu vagem
蘑菇 mógu cogumelos
菠菜 bōcài espinafre
红薯 hóngshǔ batata-doce
西红柿 xīhóngshì tomate
蔬菜 shūcài vegetais

Pratos com Vegetais

烧茄子 shāo qiézi berinjela ensopada
烧胡萝卜 shāo húluóbo cenoura ensopada
烧三鲜 shāo sānxiān três vegetais frescos ensopados
炒玉兰片儿 chǎo yùlánpiànr broto de bambu salteado
炒豆芽 chǎo dòuyá broto de feijão salteado
炒白菜 chǎo báicài repolho chinês salteado
海米白菜 hǎimǐ báicài repolho chinês salteado, com camarão seco
韭菜炒鸡蛋 jiǔcài chǎo jīdàn nirá (cebolinha oriental) salteada, com ovo
黄瓜炒鸡蛋 huángguā chǎo jīdàn pepino salteado, com ovo
鱼香茄子 yúxiāng qiézi berinjela salteada, com molho bem apimentado
冬笋扁豆 dōngsǔn biǎndòu vagem salteada, com broto de bambu
烧二冬 shāo èr dōng cogumelo e broto de bambu salteados, com vegetais
鲜蘑豌豆 xiānmó wāndòu ervilhas salteadas, com cogumelo
炒土豆丝 chǎo tǔdòusī tirinhas de batata salteadas
炒萝卜丝 chǎo luóbosī tirinhas de nabo salteadas
菠菜炒鸡蛋 bōcài chǎo jīdàn espinafre salteado, com ovo
西红柿炒鸡蛋 xīhóngshì chǎo jīdàn tomate salteado, com ovo

Menu:

Bebida

Resumo

Bebidas Não-Alcoólicas 211
Café, Chás etc. 211
Cervejas 211
Termos Mais Comuns 210
Vinhos, Destilados etc 211

Menu: Bebida

Termos Mais Comuns

糖 açúcar táng
水 água shuǐ
矿泉水儿 água mineral kuàngquánshuǐr
咖啡 café kāfēi
啤酒 cerveja píjiǔ
茶 chá chá
玻璃杯 copo de vidro bōlibēi
瓶子 garrafa píngzi
牛奶 leite niúnǎi
汽水儿 refrigerante qìshuǐr
鲜橘汁 suco de laranja xiānjúzhī
威士忌 uísque wēishìjì
米酒 vinho de arroz mǐjiǔ
杯子 copo, xícara, caneca etc. bēizi

酒水在外 bebidas não incluídas jiúshuç zài wài
一杯茶／咖啡 uma xícara de chá/café, por favor yì bēi chá/kāfēi
请再来一杯啤酒 outra cerveja, por favor qǐng zài lái yì bēi píjiǔ
（来）一杯茅台酒 um copo de Maotai (lái) yì bēi Máotáijiǔ

Cervejas

啤酒 píjiǔ cerveja
冰镇啤酒 bīngzhèn píjiǔ cerveja gelada
青岛啤酒 Qīngdǎo píjiǔ tipo mais famoso de cerveja chinesa

Café, Chás etc

红茶 hóngchá chá preto
菊花茶 júhuāchá chá de crisântemo
咖啡 kāfēi café
绿茶 lǜchá chá verde
茉莉花茶 mòli huāchá chá de jasmim
乌龙茶 wūlóngchá chá oolong, famoso, semifermentado, meio verde, meio preto
花茶 huāchá chá aromatizado
牛奶咖啡 niúnǎi kāfēi café com leite

Bebidas Não-Alcoólicas

可口可乐 kěkou kělè Coca-Cola®
果子汁 guǒzizhī suco de frutas
冰水 bīngshuǐ água gelada
崂山可乐 Láoshān kělè variedade chinesa de cola, feita com água de Laoshan
柠檬汽水儿 níngméng qìshuǐr limonada (refrigerante gasoso)
牛奶 niúnǎi leite
矿泉水儿 kuàngquánshuǐr água mineral
橘子汽水儿 júzi qìshuǐr laranjada (refrigerante gasoso)
橘子汁 júzizhī suco de laranja
菠萝汁 bōluozhī suco de abacaxi
酸梅汤 suānméitāng suco agridoce de ameixa

Vinhos, Destilados etc.

白兰地 báilándì brande
香槟酒 xiāngbīnjiǔ champanhe
白干儿 báigānr bebida clara, destilada dos grãos de sorgo
白酒 báijiǔ bebida clara, destilada dos grãos de sorgo
法国白兰地 fǎguó báilándì conhaque
干红葡萄酒 gān hóng pútaojiǔ vinho tinto seco
干白葡萄酒 gān bái pútaojiǔ vinho branco seco

Menu: Bebida

金酒 jīnjiǔ gim
果子酒 guǒzijiǔ licor
茅台酒 Máotáijiǔ aguardente Maotai
红葡萄酒 hóng pútaojiǔ vinho tinto
黄酒 huángjiǔ vinho de arroz
老酒 lǎojiǔ vinho de arroz
朗姆酒 lángmújiǔ rum
苏格兰威士忌 Sūgélán wēishìjì uísque escocês
汽水儿 qìshuǐr club soda
汽酒 qìjiǔ vinho espumante
味美思 wèiměisī vermute
俄得克酒 édékèjiǔ vodca
威士忌 wēishìjì uísque
白葡萄酒 bái pútaojiǔ vinho branco
葡萄酒 pútaojiǔ vinho

Como Funciona a Língua

Pronúncia

Neste livro, as palavras chinesas foram escritas em um sistema romanizado conhecido como pinyin (ver abaixo). Introduzido na China na década de 1950, o pinyin pode ser usado basicamente como um guia de pronúncia. Porém, algumas das sílabas não são pronunciadas de um modo imediatamente óbvio. Por isso, foi feita uma lista que serve de orientação para ler o pinyin, pois muitas letras têm um som completamente diferente do esperado. Assim, antes de consultar qualquer seção deste guia, leve em conta as seguintes observações sobre a pronúncia:

Pinyin

As palavras chinesas são formadas por uma ou mais sílabas, e cada uma é representada por um ideograma na linguagem escrita. Tais sílabas podem ser divididas em iniciais (consoantes) e finais (vogais ou vogais seguidas de 'n' ou 'ng'). No chinês falado, o som das consoantes finais não é totalmente emitido. A seguir, há uma lista completa de iniciais e finais, junto com o som mais próximo do que seria em português. Contudo, há alguns sons que não se parecem com nada em português. Neste guia, as palavras que contêm esses sons também aparecem em ideogramas chineses; peça a uma pessoa chinesa que as pronuncie para você.

Iniciais

f, l, m, n, s, w e y	todas semelhantes ao português
b	som de 'p' de '**p**ato' em português
d	som de 't' de '**t**ato' em português
g	som de 'q' de '**q**ueijo' em português
h	som de 'h' aspirado, como '**H**ollywood' em inglês

COMO FUNCIONA A LÍNGUA ■ Pinyin

p, t, k	sons aspirados, como nas palavras em inglês '**p**op', '**t**ea' e '**K**elly'
j, q, x	pronunciados com os lábios posicionados como se você estivesse sorrindo:
j	som de 'ti' de '**ti**a' em português
q	som de 'tch' de '**tch**au' em português
x	'sh' como em '**sh**eer', mas fale com os lábios sorrindo e a ponta da língua virada para cima. Este som aparece no livro como **hs**
c	som de 'ts' como em '**ts**ar'
z	som de 'tz' como em 'pi**zz**a'
ch, sh, zh, r	o último grupo de iniciais é o mais difícil para um não-chinês pronunciar com perfeição; todas elas são pronunciadas com a ponta da língua enrolada para trás, até tocar o palato:
ch	como 'ch' em 'bir**ch**' em inglês 茶
sh	como 'sh' em '**sh**ower' em inglês 少
zh	como 'ge' em 'bud**ge**' em inglês 中
r	como 'r' em '**r**ung' em inglês 人

Finais

a	som de 'a' de '**a**mar' em português
ai	som de '**ai**' em português
an	som de 'an' de '**An**a' em espanhol
ang	som de 'ong', como 's**ong**' em inglês
ao	som de '**ao**' em português
e	som de '**e**' em português
ei	som de '**ei**' em português
en	som de 'an' de '**An**a' em português
eng	como 'en' seguido de um 'g' mais suave
er	semelhante ao **err**, pronunciado com a língua enrolada para trás, até tocar o palato

i	som de '**i**' em português; mas, depois das iniciais c, ch, r, s, sh, z e zh, não é pronunciado.
ia	som de 'ia' de '**la**ra' em português
ian	som semelhante a '**yen**'
iang	som de '**yang**' ('i'+ 'ang', mas o 'a' tem som mais curto)
iao	som de 'iao'
ie	som de 'ye', como '**ye**s' em inglês
in	como em d**in**
ing	como em 'br**ing**', em inglês
iong	som de '**yoong**' ('i'+ 'ong')
iu	som de 'yo' como em '**yo-yo**'
o	som de 'o' de '**o**vo' em português
ou	som de 'ou' de '**ou**vir' em português
ong	como em 'l**ong**o' em português, sendo que a vogal tem som mais alongado e intenso
u	som de 'u' de '**u**va' em português
ua	som de 'ua' de '**ua**u!' em português
uai	som de '**uai**' em português
uan	som de '**uan**' em português
uang	som de '**uang**' ('u'+ 'ang')
ue	som de 'uê' em português
ui	som de 'ei' como em '**wait**' em inglês
un	som de '**uen**'
uo	som de '**uo**' em português
ü	som de '**u**ne' em francês
üe	som de 'ü' seguida de 'e'

Chinês Setentrional

No chinês do norte do país, o sufixo 'r' costuma ser colocado no fim de uma sílaba, produzindo um som que lembra os "erres" do caipira paulista. Isso, em pinyin, é representado pelo acréscimo de um 'r' à sílaba, de modo que **men** (porta), por exemplo, se torna **menr**, e quase não se pronuncia o "n". Tal pronúncia é mais notável em Pequim.

Tons

A língua chinesa só utiliza aproximadamente 400 sons diferentes. O número de sons disponíveis aumenta com o uso dos tons: a altura do som com que uma palavra é pronunciada determina seu significado. A mesma combinação de letras pronunciadas em tons diferentes produzirá palavras diferentes. Existem quatro tons: primeiro tom (¯), segundo tom (´), terceiro tom (˘) e quarto tom (`).

Nem todas as sílabas são pronunciadas com tons; onde não existe tom, a sílaba é escrita sem essa marca. Muitas vezes, quando se tem uma palavra composta de duas sílabas, a segunda, a exemplo de **xuésheng** (estudante), é escrita sem o sinal de tom.

Em chinês, o tom é uma parte da palavra tão importante quanto o som de vogais e consoantes. Em geral, o contexto esclarece o significado. Mas, sempre que possível, é muito importante usar o tom correto, a fim de reduzir a possibilidade de mal-entendidos. A sílaba **ma** tem pelo menos cinco significados, diferenciados por tons:

mā	妈	mãe
má	麻	cânhamo
mǎ	马	cavalo
mà	骂	abuso, insulto
ma	吗	(no fim da frase, transforma-a numa interrogação)

Para ajudar você a ter uma idéia mais clara quanto ao som dos tons, oferecemos os equivalentes dos caracteres chineses para as palavras desta seção. Peça a alguém que fale chinês para ler as palavras. Assim, você ouvirá as diferenças tonais.

Primeiro tom (ˉ)
Tom de nível alto, sem alteração de volume, com curta duração:

gū	孤	solitário
guān	观	olhar
kāi	开	abrir
yān	烟	cigarro

Segundo tom (ˊ)
Começa num nível médio, aumenta depressa e fica mais alto; um som mais curto que o do primeiro tom, semelhante a uma interrogação que revela surpresa, como em "o quê?":

héng	衡	equilibrar
rén	人	pessoa
shí	十	dez
yán	言	fala, discurso

Terceiro tom (ˇ)
Começa baixo, cai, depois se eleva até um pouco acima do ponto de partida; começa discreto depois aumenta de volume; um pouco mais longo que o primeiro tom:

běn	本	livro
fǎ	法	lei
qǐ	起	subir
yǎn	掩	cobrir

Quarto tom (ˋ)
Começa alto e cai abruptamente em intensidade e volume; mais curto que o segundo tom:

| bèn | 笨 | estúpido |
| dà | 大 | grande |

pà	怕	temer
yàn	雁	ganso selvagem

Os tons podem ser ilustrados num diagrama como este:

Na fala, um terceiro tom que precede outro terceiro tom se transforma em segundo tom.

Abreviações

adj	adjetivo
pl	plural
pol	formal
sing	singular

Geral

A língua chinesa possui diversas características muito diferentes das dos idiomas ocidentais, e as mais importantes são as seguintes: não existem inflexões para caso, número ou gênero e os verbos não são conjugados. As referências a passado, presente e futuro são identificadas pelo contexto e pelo acréscimo de diversas palavras referentes a tempo, como **míngtian** (amanhã), **jīntian** (hoje) ou **qùnián** (ano passado). Tanto na linguagem escrita quanto na falada, as sentenças são curtas e evita-se a repetição daquilo que já foi dito. Tanto os pronomes pessoais como os oblíquos costumam ser omitidos.

Substantivos

As formas singular e plural dos substantivos quase sempre são as mesmas. Por exemplo: **shū** pode significar "livro" ou "livros" dependendo do contexto:

wǒ mǎile yìběn shū	**wǒ mǎile liǎngběn shū**
eu comprei um livro	eu comprei dois livros

As poucas exceções costumam ser substantivos usados para se fazer referência a grupos de pessoas, caso em que se acrescenta o sufixo **-men** no final desses substantivos:

péngyoumen	**háizimen**
amigos	crianças

No entanto, **-men** não é usado para o plural quando se fala de números, já que o plural fica óbvio pelo contexto:

sìge péngyou
quatro amigos

Artigos

Em chinês, não existe equivalente para os artigos definidos "o, a, os, as" nem para os indefinidos "um, uma, uns, umas". O significado exato ficará claro pelo contexto ou pela ordem das palavras. Assim, **zázhì** (revista) pode significar "uma revista" ou "a revista", conforme o contexto.

Se você quiser ser mais claro, pode usar **nèi** (esse) ou **zhèi** (isso) com a palavra-medida adequada (veja pág. 228).

O número **yī** (um), junto com a palavra-medida adequada (veja pág. 228), também pode ser usado para traduzir "um, uma". Mas, muitas vezes, em tais frases o **yi** costuma ser pouco enfatizado ou omitido, deixando-se apenas a palavra-medida:

> **wǒ xiǎng mǎi yìběn zázhì**
> eu vou comprar uma revista

ou:

> **wǒ xiǎng mǎi běn zázhì**
> eu vou comprar uma revista

Adjetivos

Os adjetivos são colocados antes do substantivo e, em geral, a palavra **de** é adicionada entre o adjetivo e o substantivo:

> **piányi de shū**
> livro(s) barato(s)
>
> **hěn suān de sùcài**
> prato(s) muito ácido de vegetais

Muitas vezes o **de** é omitido, se o adjetivo for um monossílabo:

> **gǔ huà**
> pinturas antigas
>
> **hǎo bànfǎ**
> um bom método

Alguns substantivos podem ser adjetivados:

lìshī	lìshī xiǎoshuō
história	romance(s) histórico(s)
shùxué	shùxué jiàokēshū
matemática	manual de matemática

Verbos Adjetivados

Alguns verbos também funcionam como adjetivos e são chamados verbos adjetivados. Nas frases em que são usados verbos adjetivados, a ordem das palavras é:

sujeito substantivo + **hěn** + verbo adjetivado

A palavra **hěn** quase não tem significado, a menos que seja reforçada, quando passa a significar "muito".

sùcài hěn suān	shū dōu hěn piányi
o prato de vegetais é muito ácido	todos os livros são baratos

Suān significa "ser ácido" e **piányi** é "ser barato".

Para reforçar mais, acrescente **tài** para dizer "muito", "realmente" ou "extremamente":

tài hǎole
isso está realmente ótimo

Comparativos

Para formar o comparativo (mais...) em frases nas quais se fala de apenas uma coisa, em geral como resposta a uma pergunta, um verbo adjetivado é usado sozinho. Nos dois exemplos a seguir, são usados os verbos adjetivados **hǎokàn** (atraente) e **guì** (caro):

zhèige hǎokàn	nèige guì
este é mais atraente	aquele é mais caro

As frases acima também podem ser traduzidas como "este aqui é atraente" e "aquele lá é caro", mas o significado exato ficará claro a partir do contexto. As seguintes palavras são acrescentadas depois do adjetivo ou do verbo adjetivado para indicar o grau de comparação:

...diǎnr	mais...
...xiē	um pouco mais...
...yìdiǎnr	um pouco mais...
...de duō	muito mais...
...duōle	muitíssimo mais...
...gèng	ainda mais...

zhèige guì (yì)diǎnr/xiē
este é (um pouco) mais caro

zhèige guì de duō
este é muito mais caro

zhèige guì duōle
este é muitíssimo mais caro

zhèige gèng guì
este é ainda mais caro

Para comparar dois substantivos, a ordem das palavras é:

sujeito + **bǐ** + objeto da comparação + verbo adjetivado

Fǎguó bǐ Zhōngguó xiǎo
a França é menor que a China

qùnián bǐ jīnnián rè
o ano passado foi mais quente que este ano

zhèige bǐ nèige gèng měilì
este é ainda mais bonito que aquele

Superlativos

Para formar o superlativo (o/a mais...), coloque **zuì** antes do adjetivo ou do verbo adjetivado:

zuì guì de zìxíngchē
a bicicleta mais cara

zhèige fàndiàn zuì dà
este hotel é o maior

Advérbios

Em geral, os advérbios têm a mesma forma dos adjetivos; às vezes, porém, são repetidos para dar ênfase (**mànmàn** abaixo):

tā mànmàn de kànle nǐde xìn
ele/ela leram sua carta lentamente

Também se pode formar um advérbio colocando-se **de** depois de um adjetivo:

nǐ dàshēng de gēn tā shuō ba
fale em voz alta com ele/ela

Quando aparece **de** depois de um verbo, o adjetivo que vem em seguida assume a função de advérbio:

tāmen qǐde hén wǎn
eles se levantaram tarde

tā zúqiu tīde hén hǎo
ele joga bem o futebol

Pronomes

Pronomes Pessoais

wǒ	eu; me
nǐ	tu; te (sing)
nín	você; se (sing, pol)
tā	ele; ela; se; lhe
wǒmen	nós; nos
nǐmen	vós; vocês; se (pl)
tāmen	eles; elas; se; lhes

Em chinês, não há diferenças entre pronomes retos e oblíquos:

wǒ rènshi tā
eu o/a conheço

tā rènshi wǒ
ele/ela me conhece

zhèi shì géi nǐ de
isto é para você

Tā pode significar "isso", mas seu uso não é comum. Em geral, o contexto da frase costuma deixar claro o sujeito:

shū hěn wúqù – wǒ bù xǐhuan
o livro é chato – não gosto dele

wǒ xǐhuan nèiběn shū – hén yǒu yìsi
gosto desse livro – ele é muito interessante

Raramente se usa tà, tàmen para fazer referência a coisas inanimadas.

Pronomes Demonstrativos

zhè	nà
este	esse; aquele

zhè búshì tāde
este não é dele

nà tèbié hǎo
aquele é muito bom

Para traduzir "este aqui" ou "aquele lá" como complemento direto, é preciso acrescentar uma palavra-medida (veja pág. 228):

wǒ xǐhuan zhèige/nèige
eu gosto deste aqui/daquele lá

Pronomes Possessivos

Para formar os pronomes possessivos, adicione o sufixo **-de** aos pronomes pessoais da página 226:

wǒde	meu; minha (sing, pl)
nǐde	teu; tua (sing, pl)
nínde	vosso; vossa (sing, pl, pol)
tāde	seu; sua; dele; dela (sing, pl)
wǒmende	nosso; nossa (sing, pl)
nǐmende	de vocês (sing, pl)
tāmende	seu; sua; deles; delas (sing, pl)

wǒde zhuōzi
minha mesa

tāde péngyou
seu amigo (dele)

tāmende péngyou
seu amigo (deles)

zhè shì nǐde
isto é seu

De equivale a "de" em português. Na frase, o **de** sempre precede o substantivo que será descrito:

Shànghǎi de fēngjǐng
o panorama de Xangai

qiūtian de tiānqi
clima de outono

wǒ qīzi de yīxiāng
a bolsa de minha esposa

Se o contexto deixa claro uma relação ou posse, é comum omitir-se o **de**:

wǒ àiren	**tā jiā**	**wǒ péngyou**
minha esposa	casa dele/dela	meu amigo

wǒ mǎile chēpiào le
comprei meu bilhete de trem

Oração Subordinada e "de"

As orações subordinadas precedem o substantivo a ser modificado, e o **de** é inserido entre a subordinada e o substantivo:

tā jì de xìn	**wǒ kàn de shū**
a carta que ele enviou	o(s) livro(s) (que) eu li

zuótian kàn de nèibù diànyǐng
aquele filme ao qual eu assisti ontem

Palavras-Medidas

Pronomes Demonstrativos e Palavras-Medidas

Em chinês, os substantivos ou grupos de substantivos possuem palavras-medidas específicas que são usadas quando se deseja contar ou quantificar o(s) substantivo(s), e são usados em conjunto com pronomes demonstrativos e numerais. Em geral, os pronomes demonstrativos são formados com o demonstrativo **nèi** (aquele) ou **zhèi** (este) seguido de uma palavra-medida. Tais palavras, das quais existem cerca de cinquenta de uso corrente, são acrescentadas depois do pronome demonstrativo (ou do numeral) e vêm antes do substantivo. Algumas palavras-medidas podem ser facilmente traduzidas para o português, ao passo que outras não têm tradução. Por exemplo:

COMO FUNCIONA A LÍNGUA — Palavras-Medidas

gōngjīn	mǐ	píng
quilo	metro	garrafa

sāngōngjīn lí — três quilos de peras

sānmǐ miánbù — três metros de algodão

nèipíng píjiǔ — aquela garrafa de cerveja

As palavras-medidas mais comuns são estas, usadas para:

bǎ	cadeiras, facas, bules, ferramentas ou implementos com cabo, pé (planta), buquê de flores
bēi	xícaras, copos
běn	livros, revistas
fēng	cartas
ge	palavra-medida genérica
jiàn	coisas, assuntos, camisas etc.
kē	árvores
kuài	conjuntos, peças
liàng	veículos
pán	pratos (a louça e a refeição)
suǒ	construções
tiáo	peixes e diversas coisas estreitas e compridas
wèi	palavra-medida formal, usada para cavalheiros, damas, hóspedes etc.
zhāng	mesas, camas, bilhetes, folhas de papel
zhī	mãos, aves, malas, barcos

zhèiběn shū — este livro

nèijiàn lǐwù — aquele presente

nèikē shù	**zhèiliàng zìxíngchē**
aquela árvore	esta bicicleta
nèisuǒ yīyuàn	**sāntiáo chuán**
aquele hospital	três barcos
nèiwèi láibīn	**sānzhāng piào**
aquele convidado	três bilhetes

A mais comum das palavras-medidas é **ge**:

zhèige shāngdiàn	**nèige zhěntou**
esta loja	aquele travesseiro

Quando não se sabe a palavra-medida correta, o melhor a fazer é usar **ge**.

Num diálogo, se o contexto deixa claro do que se está falando, então o substantivo pode ser omitido e usa-se apenas o pronome demonstrativo e a palavra-medida:

wǒ xǐhuan nèige
gosto daquele lá

zhèibēi chá hěn hǎohē
este chá é muito gostoso

zhèiwèi shì...
este é... (ao apresentar uma pessoa)

Números e Palavras-Medidas

Como no caso de pronomes demonstrativos, é preciso usar uma palavra-medida com números quando eles estiverem vinculados aos substantivos:

sìkē shù	**sānshíwǔběn shū**	**sìshíge rén**
quatro árvores	35 livros	40 pessoas

Veja o uso de **liǎng** (dois) com palavras-medidas à página 248. De maneira semelhante, quando um número ordinal está vinculado a um substantivo, deve-se incluir uma palavra-medida:

> dìsānsuǒ fángzi
> a terceira casa
>
> dìsìtiáo lù
> a quarta estrada

Pronomes Demonstrativos e Números

Quando um pronome demonstrativo e um número são usados juntos numa frase, a ordem das palavras é:

demonstrativo + número + palavra-medida + substantivo

> nèi sānběn shū
> aqueles três livros
>
> zhèi bāwèi láibīn
> estes oito convidados
>
> nèi liùge
> aqueles seis

Verbos

Nos verbos chineses não existe variação para a primeira, a segunda ou a terceira pessoa, tanto no singular como no plural:

> wǒ zǒu
> ando, estou andando
>
> tā zǒu
> ele/ela andam, estão andando
>
> tāmen zǒu
> eles andam, estão andando

Também não existem tempos verbais em chinês:

> wǒ míngtian zǒu
> amanhã irei embora
>
> wǒ zuótian zǒu de shíhou, tiānqi hěn hǎo
> ontem, quando eu estava indo embora, o tempo estava ótimo

Nas frases anteriores, o futuro e o passado são revelados pelas palavras que indicam tempo, **míngtian** (amanhã) e **zuótian** (ontem), ao passo que a forma do verbo **zǒu** não muda.

O significado dos verbos também sofre influência de diversos sufixos e partículas (veja págs. 234 e 236).

Um verbo usado sozinho geralmente implica tanto uma ação habitual:

Zhōngguórén chī mǐfàn
o povo chinês come arroz

quanto uma ação iminente:

nǐ qù nǎr?
onde você vai?

Ser/Estar

O verbo "ser", quando seguido de um substantivo, é **shì**, e corresponde a todas as formas desse verbo em português ("sou", "são", "é" etc.):

tā shì wǒde péngyou
ela é minha amiga

zhè shì shénme?
o que é isso?

tāmen shì xuésheng
eles são estudantes

O verbo **shì** não é necessário quando se usa um verbo adjetivado (veja pág. 223).

A preposição **zài** (em, a) é usada como verbo para transmitir o significado de "estar em" um lugar determinado (veja pág. 240).

Formas Negativas

Para formar uma frase negativa, use a palavra **bù** (não); quando **bù** vem antes de uma palavra com o quarto tom, ela muda para o segundo tom (**bú**):

wǒ búyào nèiběn shū
eu não quero esse livro

tā bú qù
ele não vai

nà wǒ bù zhīdao
eu não sabia disso

Bù é também a negativa usada com adjetivos/verbos adjetivados:

bùmǎn
insatisfeito, descontente

fángzi bú dà
o prédio não é grande

Com o verbo **yǒu** (ter), **méi** é usada como negativa no lugar de **bù**:

tā yǒu kòng
ele/ela tem tempo

wǒ méiyǒu kòng
eu não tenho tempo

Méi também pode ser usada sozinha para significar "não ter":

wǒ méishìr
eu não tenho nada para fazer

Yǒu também significa "existe, há/existem, hão":

shāngdiànli méiyǒu niúnǎi
não há leite na loja

méiyǒu bànfǎ
não há nada a ser feito,
não existe nada que se
possa fazer quanto a isso

yǒu rén
existe alguém lá; ocupado (na porta do toalete)

Sufixos Verbais

Para modificar o significado dos verbos chineses são adicionados sufixos a eles.

O acréscimo do sufixo **-le** indica uma mudança de situação; em geral, significa que a ação do verbo terminou:

wǒ mǎile sānge píngguǒ
comprei três maçãs

tā yǐjing líkāile
ele/ela já partiu

wǒ zài nàr zhùle jiǔnián
morei lá durante nove anos

hēwánle chá wǒ jiù kàn diànshì
quando eu terminar meu chá, vou ver televisão

Como mostra o quarto exemplo, a ação terminada não precisa, necessariamente, ocorrer no passado

Para expressar a forma negativa de uma ação terminada, coloca-se **méi** ou **méi yǒu** antes do verbo e omite-se o **-le**:

wǒ méi(yǒu) kàn diànshì
eu não vi televisão

tā méi(yǒu) líkāi
ele não partiu

Uma ação contínua ou prolongada é expressa pelo sufixo **-zhe**:

tā chōuzhe yān
ele/ela está fumando um cigarro

tā zài shāfāshang zuòzhe
ele/ela está sentado(a) no sofá

Também se usa o sufixo **-zhe** para transmitir a idéia de que ocorre mais de uma coisa ao mesmo tempo:

> **tā hēzhe chá kàn shū**
> ele lia um livro enquanto tomava chá

Quando se usa o sufixo **-zhe**, a palavra **méi** é colocada antes do verbo para criar a forma negativa:

> **tā méi chuānzhe zhōngshānzhuāng**
> ele/ela não está usando um conjunto Mao

Note que **-zhe** não tem nenhuma ligação com o tempo verbal. Segundo o contexto, as frases acima poderiam ser traduzidas como: "ele/ela estava fumando um cigarro", "ele/ela não estava usando um conjunto Mao".

Outro modo de indicar uma ação contínua é colocar a palavra **zài** antes do verbo:

> **tā zài chōuyān**
> ele está fumando
>
> **nǐ zài kàn shénme?**
> o que você está lendo?

O sufixo **-guo** é usado para indicar uma experiência passada:

> **wǒ qùguo Zhōngguó**
> estive na China
>
> **wǒ kànguo nèiběn shū**
> li aquele livro

Quando se usa o sufixo **-guo**, a palavra **méi** é colocada antes do verbo para criar a forma negativa:

> **wǒ méi qùguo Shànghǎi**
> nunca estive em Xangai
>
> **tā méi hēguo Yìndù chá**
> ele/ela nunca tomaram chá indiano

Partículas em Frases

A partícula **le** no final de uma frase pode indicar que algo ocorrido no passado ainda tem importância no presente, ou que implica uma mudança de circunstâncias no presente ou no futuro:

tā mǎi bàozhǐ qù le
ele/ela foi comprar papel

wǒ zài Lúndūn zhùle liùnián le
eu morei em Londres durante seis anos

guāfēng le
está ventando (agora)

wǒ xiànzai bú è le
não estou mais com fome

pínggguǒ dōu huài le
todas as maçãs estavam ruins

wǒmen zǒu le
estamos saindo (agora)

A partícula **ne** enfatiza o que se está dizendo:

tā hái méi líkāi ne
ele ainda não saiu

zuò chángtú qìchē kě bù fāngbiàn ne
(mas) é tão desconfortável ir de ônibus

nǐ zuò shénme ne?
bem, o que você vai fazer?

Sozinha, quase sempre em resposta a uma pergunta anterior, a partícula **ne** pode ser usada para expressar a idéia de "e que tal...?" ou de "e quanto a ...?":

zhèishuāng xié tài guì – nèishuāng ne?
Este par de sapatos é muito caro – e que tal aquele par?

A partícula **ba** indica uma sugestão:

zǒu ba!
vamos!

ní kǎolǜ yíxià ba
pense nisso, reflita sobre isso

Também pode significar "eu sugiro" ou "eu suponho":

nǐ shì lǎo Zhāng ba?
suponho que você deva ser o velho Zhang?

nǐmen dōu hěn lèi ba?
vocês estão todos cansados, não estão?

Interrogação

Há diversas maneiras de formar interrogações em chinês. Uma delas é adicionar a partícula **ma** no fim da frase para transformá-la numa pergunta sem mudar a ordem das palavras:

tā shì Rìběrén ma?
ele/ela é japonês/japonesa?

nǐ mǎi zhèifèn bàozhǐ ma?
você vai comprar este jornal?

nǐ è ma?
você está com fome?

nǐ qùguo Běijīng ma?
você já esteve em Pequim?

ní yǒu háizi ma?
vocês têm filhos?

Outra maneira consiste em repetir o verbo junto com a negativa **bù** ou **méi**:

tāmen shì búshì Yīngguórén?
eles são britânicos?

jīntian rè bú rè?
hoje está quente?

nǐ è bú è?
você está com fome?

tā chīguo Zhōngcān méiyǒu?
ele/ela já experimentou comida chinesa?

nǐ yǒu méiyou háizi?
vocês têm filhos?

Shéi (quem?) e **shénme** (quê?) são os principais pronomes interrogativos. Na frase, eles são colocados na mesma posição que o substantivo na pergunta feita:

tā shì shéi?
quem é ele?

tā shì wǒ péngyou
ele é meu amigo

shéi fù qián?
quem vai pagar?

tā fùqián
ele vai pagar

nǐ mǎi shénme?
o que você vai comprar?

wó mǎi yìjié diànchí
vou comprar uma bateria

Outros pronomes interrogativos comuns são:

nǎr/nǎli?	onde?
duōshǎo?	quanto?, quantos?
něi?	qual?
shéide?	de quem?
zěnme?	como?
wèishénme?	por quê?

shāngdiàn zài nǎr?
onde fica a loja?

duōshǎo qián?
quanto custa isto?

něige fàndiàn zuì guì?
qual hotel é o mais caro?

nǐ xǐhuan něige?
de qual você gostaria?

zhè shì shéide?
de quem é isto?

nǐ shì zěnme láide?
como você chegou aqui?

tāmen wèishénme bú shàng huǒchē?
por que eles não embarcam no trem?

Háishi (ou) em perguntas que colocam alternativas:

nǐ xiǎng mǎi zhèige háishi nèige?
você deseja comprar este ou aquele?

Preposições

Aqui estão algumas preposições comuns:

cóng	de
dào	para
duì	com respeito a, quanto a
gěi	para
gēn	com
lí	de/para (em expressões de distância)
wèile	por causa de
yòng	com, por meio de,
zài	em, a (veja pág. 240)

wǒmen míngtian dào Shànghǎi qù
nós vamos para Xangai amanhã

cóng sāndiǎnbàn dào sìdiǎn
das três e meia até as quatro horas

Yīngguó lí Fǎguó bù yuǎn
a Grã-Bretanha não é longe da França

wǒmen shì zuò chuán láide
nós viemos de navio

wǒ géi ní mǎile yìxiē píngguǒ
comprei algumas maçãs para você

qǐng gēn wǒ lái
por favor, venha comigo

tā wèi tā háizi hěn zháojí
ela estava muito preocupada com o filho

Zài (em, a) também é usada como verbo, com o significado de "estar em/a":

tā zài nǎr?	tāmen zài Shànghǎi
onde ele/ela está?	eles estão em Xangai
zhuōzi zài wàibiānr	wǒ zài Shànghǎi méiyǒu qīnqī
a mesa está lá fora	não tenho parentes em Xangai

Sufixos em Palavras para Indicar Lugar

Diversos sufixos são acrescentados a substantivos para indicar localização e quase sempre são usados junto com a preposição **zài**. Os mais importantes são:

lǐ	dentro, em
shàng	acima, sobre

wài	fora
xià	embaixo, sob
zhōng	no meio, entre

nǐde bàozhǐ zài dàizili
seu jornal está em sua sacola

chéngwài yǒu fēijīchǎng
há um aeroporto fora da cidade

nǐde zhàoxiàngjī zài chuángshàng
sua câmera está sobre a cama

nǐde yīxiāng zài chuángxià
sua mala está embaixo da cama

zài shānlǐ
nas montanhas

Sim e Não

A língua chinesa não dispõe de palavras específicas para "sim" e "não", mas pode-se usar **shì(de)** (sim, é o caso), **duìle** (sim, certo) e **bú shì** (não, não é o caso).

O modo mais comum de dizer "sim" é repetir o verbo da pergunta; para dizer "não" basta repetir o verbo da pergunta junto com **bù** ou **méi**, assim:

nǐ yǒu kòng ma?		**yǒu**	**méi yǒu**
você tem algum tempo livre?		sim	não

tā shì xuésheng ma?		**shì**	**bú shì**
ele é estudante?		sim	não

nǐ qùguo Chángchéng méi yǒu?
você já foi ver a Grande Muralha?

qùguo	méi yǒu/méi qùguo
sim	não

Imperativos

Para expressar um imperativo em chinês, pronuncie o verbo de maneira enfática:

zhànzhù!	chūqu!
pare!	saia!

Raramente se usa o imperativo, pois ele soa muito rude. É mais provável que o verbo seja precedido de **qǐng** (por favor) ou seguido de **ba** (veja pág. 237), de modo a fazer o comando parecer mais cortês:

qǐng zuò ba
por favor, sente-se

O imperativo negativo é formado quando se usa tanto **bié** como **bú yào** (não):

bié zǒule	bú yào zài shuō
não vá	não diga mais nada

Datas

Em chinês, as datas são escritas na seguinte ordem:

ano + mês + dia

Para escrever o ano, coloque os números relativos na frente de **nián** (ano); depois vem o mês e o número do dia mais **hào**:

九月一号
1º de setembro

十二月二号
2 de dezembro

五月三十号
30 de maio

二零零六年五月三十一号
31 de maio de 2006

一九四二年
1942

Dias

domingo	xīngqītiān	星期天
segunda-feira	xīngqīyī	星期一
terça-feira	xīngqīèr	星期二
quarta-feira	xīngqīsān	星期三
quinta-feira	xīngqīsì	星期四
sexta-feira	xīngqīwǔ	星期五
sábado	xīngqīliù	星期六

Meses

janeiro yīyuè 一月
fevereiro èryuè 二月
março sānyuè 三月
abril sìyuè 四月
maio wǔyuè 五月
junho liùyuè 六月
julho qīyuè 七月
agosto bāyuè 八月
setembro jiǔyuè 九月
outubro shíyuè 十月
novembro shíyīyuè 十一月
dezembro shíèryuè 十二月

Tempo

Para falar de horas, a palavra **diǎn** é acrescentada ao número para indicar as horas. **Zhōng** (horas) é opcional e vem colocada no final da maior parte das expressões de tempo. A palavra **fēn** (minutos) é adicionada ao número de minutos.

que horas são? jǐdiǎn le? 几点了？
horas diǎn zhōng 点钟
uma hora yìdiǎn (zhōng) 一点（钟）
duas horas liǎngdiǎn (zhōng) 两点（钟）
à uma hora yìdiǎn (zhōng) 一点（钟）
é uma hora yìdiǎn (zhōng) 一点（钟）
são duas horas liǎngdiǎn (zhōng) 两点（钟）
são dez horas shídiǎn (zhōng) 十点（钟）
é uma e cinco yìdiǎn wǔfēn 一点五分
são duas e dez liǎngdiǎn shífēn 两点十分
é uma e quinze yìdiǎn yíkè 一点一刻
são duas e quinze liǎngdiǎn yíkè 两点一刻
são duas e meia liǎngdiǎn bàn 两点半

são dez e meia shídiǎn bàn 十点半
vinte para a uma yìdiǎn chà èrshí 一点差二十
vinte para as dez shídiǎn chà èrshí 十点差二十
quinze para a uma yìdiǎn chà yíkè 一点差一刻
quinze para as duas liǎngdiǎn chà yíkè 两点差一刻
de manhã cedo até umas 9 horas zǎoshang 早上
das 9 horas até meio-dia shàngwǔ 上午
depois do meio-dia xiàwǔ 下午
à tarde wǎnshang 晚上
à noite yèli 夜里
2 horas língchén liǎngdiǎn 凌晨两点
14 horas xiàwǔ liǎngdiǎn 下午两点
6 horas zǎoshang liùdiǎn 早上六点
18 horas wǎnshang liùdiǎn 晚上六点
10 horas shàngwǔ shídiǎn 上午十点
22 horas wǎnshang shídiǎn 晚上十点
meio-dia zhōngwǔ 中午
meia-noite bànyè 半夜
hora xiǎoshí 小时
minuto fēn 分
dois minutos liǎng fēnzhōng 两分钟
segundo miǎo 秒
15 minutos yí kèzhōng 一刻钟
meia hora bàn xiǎoshí 半小时
45 minutos sān kèzhōng 三刻钟
quase três horas kuài sān diǎn le 快三点了

Números

Veja as Palavras-Medidas à página 228.

0	líng	零
1	yī	一
2	èr, liǎng	二
3	sān	三

COMO FUNCIONA A LÍNGUA

Números

4	sì	四
5	wǔ	五
6	liù	六
7	qī	七
8	bā	八
9	jiǔ	九
10	shí	十
11	shíyī	十一
12	shíèr	十二
13	shísān	十三
14	shísì	十四
15	shíwǔ	十五
16	shíliù	十六
17	shíqī	十七
18	shíbā	十八
19	shíjiǔ	十九
20	èrshí	二十
21	èrshíyí	二十一
22	èrshíèr	二十二
30	sānshí	三十
31	sānshíyī	三十一
32	sānshíèr	三十二
40	sìshí	四十
50	wǔshí	五十
60	liùshí	六十
70	qīshí	七十
80	bāshí	八十
90	jiǔshí	九十
100	yìbǎi	一百
101	yìbǎi líng yī	一百零一
102	yìbǎi líng èr	一百零二
110	yìbǎi yìshí	一百一十
111	yìbǎi yīshíyī	一百一十一
200	èrbǎi	二百
201	èrbǎi líng yī	二百零一

202	èrbǎi líng èr	二百零二
210	èrbǎi yīshí	二百一十
300	sānbǎi	三百
1.000	yìqiān	一千
2.000	liǎngqiān	两千
3.000	sān qiān	三千
4.000	sìqiān	四千
5.000	wǔqiān	五千
10.000	yíwàn	一万
50.000	wǔwàn	五万
100.000	shíwàn	十万
1.000.000	bǎiwàn	百万
10.000.000	qiānwàn	千万
100.000.000	yí yì	一亿

Quando se conta "um, dois, três" e assim por diante, o **yī** (um) é escrito e falado com o primeiro tom. Em outras situações, usa-se o quarto tom:

yī, èr, sān	**yìtiáo yú**	**yìkē shù**
um, dois, três	um peixe	uma árvore

A exceção é quando o **yì** é seguido por um quarto tom; nesse caso ele muda para o segundo tom:

yíjiàn dōngxi
um objeto

Numa sequência de números, usa-se **yāo** para "um" em vez de **yī**, como nestes dois exemplos:

sān-èr-wǔ-yāo-bā	**yāoyāojiǔ**
32518	número cento e dezenove
(número de telefone)	(número do quarto)

Existem duas palavras para "dois" em chinês: **èr** e **liǎng**. **Èr** é usado em contagem e para números de telefone, quarto ou ônibus:

yī, èr, sān...	**èr hào**	**èr lù chē**
um, dois, três...	número dois	ônibus número dois
	(quarto, casa etc.)	

Èr também aparece em números compostos:

sānshí'èr   trinta e dois

Liǎng é empregado com palavras-medidas (veja pág. 228):

liǎngwèi péngyou	**liǎngsuǒ fángzi**
dois amigos	dois edifícios

Os números de 11 a 19 são formados por **shí** (dez) seguido dos números de **yī** (um) até **jiǔ** (nove):

shíyī	onze
shí'èr	doze
shísān	treze

Os múltiplos de dez são formados acrescentando-se ao **shí** (dez) os números de dois até nove:

èrshí	vinte
sānshí	trinta
sìshí	quarenta

Os números de 21 até 29, de 31 a 30 etc. são formados adicionando-se de um até nove aos números colocados acima: **èrshí**, **sānshí** e assim por diante:

èrshíyī	vinte e um
sìshíqī	quarenta e sete
bāshíwǔ	oitenta e cinco

Segue-se um padrão semelhante com **bǎi** (cem), **qiān** (mil) e **wàn** (dez mil):

sìbǎi	sìbǎi jiǔshí
quatrocentos	quatrocentos e noventa
bābǎi sìshí liù	jiǔqiān sìbǎi qīshí
oitocentos e quarenta e seis	nove mil quatrocentos e setenta

qīwàn sìqiān bābǎi
setenta e quatro mil e oitocentos

Para números acima de milhares e milhões, **shí**, **bǎi**, **qiān** e **wàn** são acrescentados a **wàn**:

shíwàn	bǎiwàn
cem mil	um milhão
qiānwàn	yí yì
dez milhões	cem milhões

O **líng** (zero) é usado quando existe esse algarismo no meio de uma sequência numérica:

yìbǎi líng sān	yìqiān líng sān
cento e três	mil e três
yìqiān líng bāshí	
mil e oitenta	

Ordinais

1º	dì yī	第一
2º	dì èr	第二
3º	dì sān	第三
4º	dì sì	第四
5º	dì wǔ	第五
6º	dì liù	第六
7º	dì qī	第七
8º	dì bā	第八
9º	dì jiǔ	第九
10º	dì shí	第十

COMO FUNCIONA A LÍNGUA ■ Números

Conversão de Medidas

1 centímetro = 0,39 polegada   1 polegada = 2,54 cm

1 metro = 39,37 polegadas = 1,09 jarda   1 pé = 30,48 cm

1 quilômetro = 0,62 milha = 5/8 milha   1 jarda = 0,91 m

1 milha = 1,61 km

km	1	2	3	4	5	10	20	30	40	50	100
milha	0,6	1,2	1,9	2,5	3,1	6,2	12,4	18,6	24,8	31,0	62,1

milha	1	2	3	4	5	10	20	30	40	50	100
km	1,6	3,2	4,8	6,4	8,0	16,1	32,2	48,3	64,4	80,5	161

1 grama = 0,035 onça   1 kilo = 1000 g = 2,2 libras

g	100	250	500
oz	3,5	8,75	17,5

1 oz = 28,35 g
1 lb = 0,45 kg

kg	0,5	1	2	3	4	5	6	7	8	9	10
lb	1,1	2,2	4,4	6,6	8,8	11,0	13,2	15,4	17,6	19,8	22,0

kg	20	30	40	50	60	70	80	90	100
lb	44	66	88	110	132	154	176	198	220

lb	0,5	1	2	3	4	5	6	7	8	9	10	20
kg	0,2	0,5	0,9	1,4	1,8	2,3	2,7	3,2	3,6	4,1	4,5	9,0

1 litro = 1,75 quartilho (RU) / 2,13 quartilhos (EUA)

1 quartilho (RU) = 0,57 litro   1 galão (RU) = 4,55 litros
1 quartilho (EUA) = 0,47 litro   1 galão (EUA) = 3,79 litros

centígrados / Celsius   °C = (°F - 32) x 5/9

°C	-5	0	5	10	15	18	20	25	30	36,8	38
°F	23	32	41	50	59	64	68	77	86	98,4	100,4

Fahrenheit   °F = (°C x 9/5) + 32

°F	23	32	40	50	60	65	70	80	85	98,4	101
°C	-5	0	4	10	16	18	21	27	29	36,8	38,3

Conheça também os outros guias de conversação e os guias de viagem e os mapas Rough Guides:

Guias de Conversação

- Chinês
- Espanhol
- Francês
- Italiano
- Portuguese

Rough Guides

- Argentina
- Bolívia
- Chile
- Peru

Rough Guides Directions

- Amsterdã
- Barcelona
- Dubai
- Dublin
- Lisboa
- Londres
- Nova York
- Paris
- Roma
- São Francisco

Mapas Rough Guides

- Londres
- Nova York
- Paris
- Roma

Este livro foi impresso em agosto de 2008 pela Cromosete sobre papel offset 90 g/m^2.